谨以此书献给
共和国开国元勋——习仲勋！
This book is dedicated to the founding father of
PRC——Xi Zhongxun.

谨以此书献给

共和国开国元勋——习仲勋!

This book is dedicated to the founding father of PRC——Xi Zhongxun.

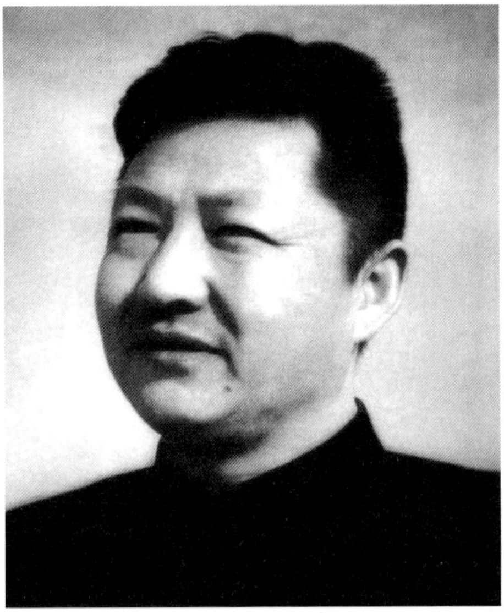

习仲勋
从"落脚点"到"开放圈"
From the Starting Point to the Opening Zone

李 向 前

中央文献出版社

写在前面的话 WORDS WRITTEN BEFORE THE BOOK

从"落脚点"到"开放圈"

2002年5月24日凌晨5时34分,一个伟大的灵魂停止了思想,走进了历史,成为历史本身,为人们留下了一个高大的背影。

这个人就是习仲勋。

习仲勋的一生与两个"特区"紧密相连。从陕甘边革命根据地的创建人,到改革开放的先行者,习仲勋这位共和国的开国元勋,扮演了革命者和建设者的双重角色。

习仲勋走上革命道路,他的引领人是群众领袖刘志丹、谢子长,他们与习仲勋也是患难与共的战友。他们在克服"左"倾干扰,尤其是在与中央失去联系的情况下,把党的正确路线方针,同陕甘边的实际相结合,独立处理重大问题,开辟了一块难能可贵的革命根据地,红色火炬照亮陕甘高原。

历史的微妙之处在于,就在中央苏区根据地尽失,党中央和中央红军被迫长征的时候,习仲勋和他的战友们恰好开辟了这块根据地,这块根据地与后来形成的陕北根据地连成一片,为毛泽东把中国革命的大本营放在陕北,提供了"落脚点"。这是习仲勋作为革命家的重大贡献。

1978年,中国再次面临大变革的转折关头。试图通过改革开放带领中国走向富强的中央高层,正在寻找一个发展的突破口。恰在这个时候,习仲勋带着"出口加工区"的方案,向中央要政策,提出广东改革开放先行一步。邓小平果断决策:"当年的陕甘宁就是特区嘛","中央没有钱","你们要杀出一条血路来!"中国改革开放由此破题。

1979年,中国上演了一个"春天的故事","有一位老人在中国的南海边画了一个圈"。这个圈就是"开放圈"。这个"出口加工区"被总设计师邓小平定名为"特区"。习仲勋亲自主持了深圳、珠海经济特区的奠基仪式。作为建设者,这是习仲勋为探索中国特色社会主义道路作出的又一重大贡献。

从"落脚点"到"开放圈",从共和国开国元勋到改革开放元勋,习仲勋在中国革命、建设与改革的道路上留下了坚实的足迹!

一个人走进了历史,他的人生连同那段历史就作为遗产留给后世。习仲勋最为宝贵的遗产就是他作为改革开放元勋与以邓小平为核心的中共第二代领导人一起将中国带入改革开放的新时代,这也是他一生最突出的亮点。生活在今天的人们依然是这笔遗产的受益者。

习仲勋已经离开我们10多年了,他的身后是一个崛起的深圳,自信的中国!

习仲勋在晚年说:"这条路是对的,一定要走下去。"斯言,念念不忘;斯志,绵绵不息。惟如此,才是对习仲勋最好的纪念!

目录 CONTENTS

从"落脚点"到"开放圈"

壹 / 风采

贰 / 落脚点

076> 还是叫"仲勋"好
077> 立诚启蒙
078> 狱中入党
079> 两当兵变
081> 最根本的一条是要有根据地
082> 苏区一定要扩大
083> 三原"充电"
084> 他是搞地方工作的一个典范
085> 那时多亏年轻，要不就没命了
088> "左"倾路线断送了红二团
089> 革命的烽烟又现出耀眼的火花
090> 这下好了！……回到正确路线上来了
092> 照金失守
094> 娃娃主席
098> 千万不能叫群众受牵连
100> 咱们吃的家常饭，咱们交往可要像一家人
101> 边区的"货币战"
103> 第一所列宁小学
104> 我们定了法，贪污 10 块大洋就要枪毙
105> "肃反"在这次会议上埋下了伏笔
106> 进驻下寺湾
107> 陕北是两点，一个落脚点，一个出发点

叁 / 党的利益在第一位

110> 把我杀了我也不能走
112> 毛主席不到陕北，根据地就完了
114> 毛泽东第一次见到习仲勋："这么年轻，娃娃嘛！"
116> 环县第一任县委书记
118> 我受到了一次深刻的路线教育
119> 把守陕甘宁边区"南大门"
120> 收复关中苏区
122> 只要为了革命，为了抗日，"右"倾又算得了什么
126> 习仲勋的"二师"情结
128> 把守陕甘宁边区的"北大门"
130> 农村楷模
132> 错了就得给人家平反
133> 妙论"统一战线"
134> 最年轻的中央委员会成员
135> 关中告急，"南大门"告急

肆 / 他是从群众中走出来的群众领袖

140> 他是从群众中走出来的群众领袖
142> "中国女婿"李敦白的困惑
143> 毛泽东九次来信
144> 毛泽东九封信手迹
150> 横山起义（波罗起义）
154> 延安我们不守，让敌人把这个包袱背上
155> 三战三捷
156> 青化砭巧布口袋
158> 羊马河虎口夺食
159> 调虎离山攻蟠龙
161> 习仲勋是我军的好军师
162> 首提土改纠偏
163> 只凭老经验办事，不能适应新形势
164> 纠正"左"的情绪

170> 当好西北人民的勤务员

伍 / 你比诸葛亮还厉害

178> 昂拉平叛
180> 新疆解危
182> 与班禅大师的深情厚谊

陆 / 五马进京

186> "炉火纯青"典故的由来
187> 五马进京
188> 他是一个活的马克思主义者
192> 在协助周恩来工作的日子里
194> 习仲勋教周恩来推独轮车
195> 人民来信来访，不是小事，是大事，
　　　不是一般工作，是个重要的政治任务
196> 劳动锻炼是医治思想贫乏症的一种好办法
198> 西北考察
203> 最年轻的副总理
206> 中南海这个地方……
　　　我们拾掇一下就可以办公了
207> 不能拆，要保留
209> 长葛调查

柒 / 蒙冤受屈 16 年

212> "利用小说进行反党活动，是一大发明"
214> 革命也不是为了当官，种地同样可以革命
215> 上了一年的工业大学
216> 从 1 数到 10000，从 10000 数到 1
218> 难得的团聚
220> 下放耐火材料厂
221> 我感到自己又回到了党的怀抱

捌 / 开放圈

224> 把守祖国的"南大门"
227> 你的表态早了
229> 十一届三中全会上被增补为中央委员
230> 用脚投票
232> 只要能把生产搞上去，就干，
　　　不要先去反他什么主义
236> 先起草意见，我带去北京
237> 让我们先行一步，放手干
238> 如果广东是一个独立的国家，
　　　可能几年就上去了
239> 杀出一条血路来
240> 就叫特区嘛，陕甘宁就是特区
242> 特区"准生证"
243> "三要"、"三不要"
244> 改用"经济特区"比较好
246> 《经济特区条例》出台
248> 一把"尚方宝剑"

玖 / 京官还朝

252> 勤政中南海
256> 5 年立了 10 部法

拾 / 我要看着深圳发展

260> 我要看着深圳发展
263> 人民的江山

拾壹 / 师长 · 丈夫 · 挚友
　　　——齐心眼中的习仲勋

XIZHONGXUN 01 壹
从"落脚点"到"开放圈"
From the Starting Point to the Opening Zone

风采
Demeanour of Xi Zhongxun

一幅幅图片

展现的是风采

表现的是历史

一句句话语

闪耀着光华

透露着智慧

从"落脚点"到"开放圈"
From the Starting Point to the Opening Zone

> 我们不要以为自己比老百姓高明,其实不然,新的创造要在老百姓中找寻。
>
> 《习仲勋文选》,《贯彻司法工作的正确方向》(一九四四年十一月五日),中央文献出版社1995年版,第11页。

1932年4月,习仲勋领导发动"两当兵变"时的戎装照。

1943年2月，习仲勋任中共绥德地委书记；3月，兼任绥德警备司令部政治委员。其间，任八路军晋绥军区独立第一旅政治委员。

  我看一有"左"的偏向，不要半月，就可把一切破坏得精光。
  《习仲勋文选》，《要注意克服土地改革中"左"的情绪》（一九四八年一月十九日），中央文献出版社 1995 年版，第 43 页。

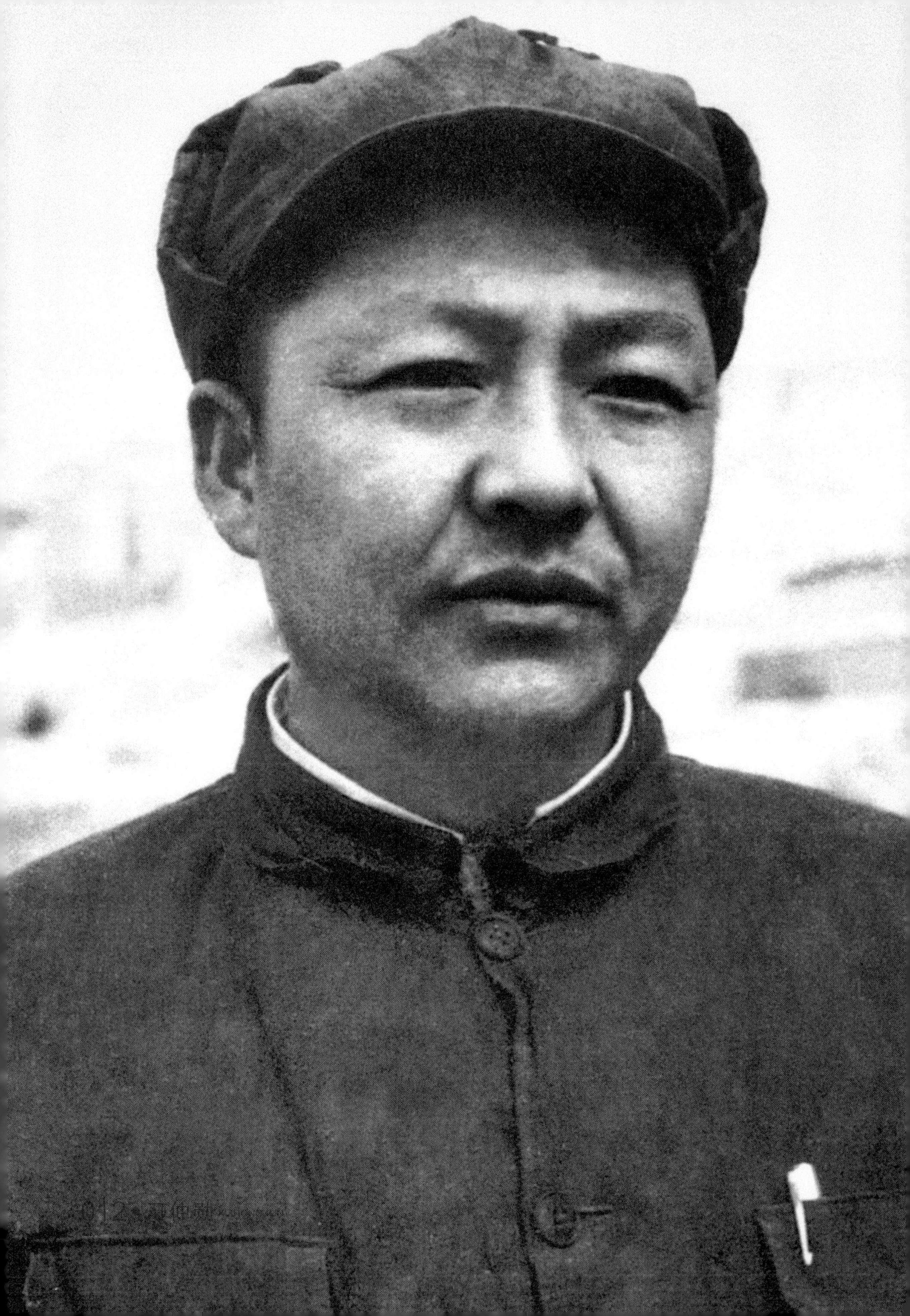

1946年6月,习仲勋任中共中央西北局书记兼陕甘宁晋绥联防军代政治委员。

  进步快慢,有出息没出息,不在于做什么工作,而在于自己。……工作做好了,自己也就进步;自己拖着不前进,没有能把工作做好的。
  《习仲勋文选》,《贯彻司法工作的正确方向》(一九四四年十一月五日),中央文献出版社1995年版,第11页。

  要一心一意老老实实把屁股放在老百姓这一面,坐得端端的。
  《习仲勋文选》,《贯彻司法工作的正确方向》(一九四四年十一月五日),中央文献出版社1995年版,第9页。
  ◀ 1945年10月,习仲勋主持西北局工作。

1949年1月,习仲勋在西北野战军第一次党代会上作《关于接管城市的问题》的报告。

  现在我们党的许多领导机关,老是跟在事务后面跑,代替了群众组织,代替了政府机关,代替了事务部门的事情。这实际是降低了党的领导水平,减弱了党的领导作用。
  《习仲勋文选》,《关于土地改革和整党工作中的若干领导问题》(一九四八年十二月四日),中央文献出版社1995年版,第73页。

1948年2月，习仲勋在西北局。

  大事业是从小事情做起的，是许多小事情的集合成功的。我们天天喊群众观点，就要深入到群众中去，真正把群众看作自己的亲人，一点一滴脚踏实地替群众做些事情，为群众服务。

  《习仲勋文选》，《贯彻边区妇女运动的正确方针》（一九四六年三月八日），中央文献出版社1995年版，第19页。

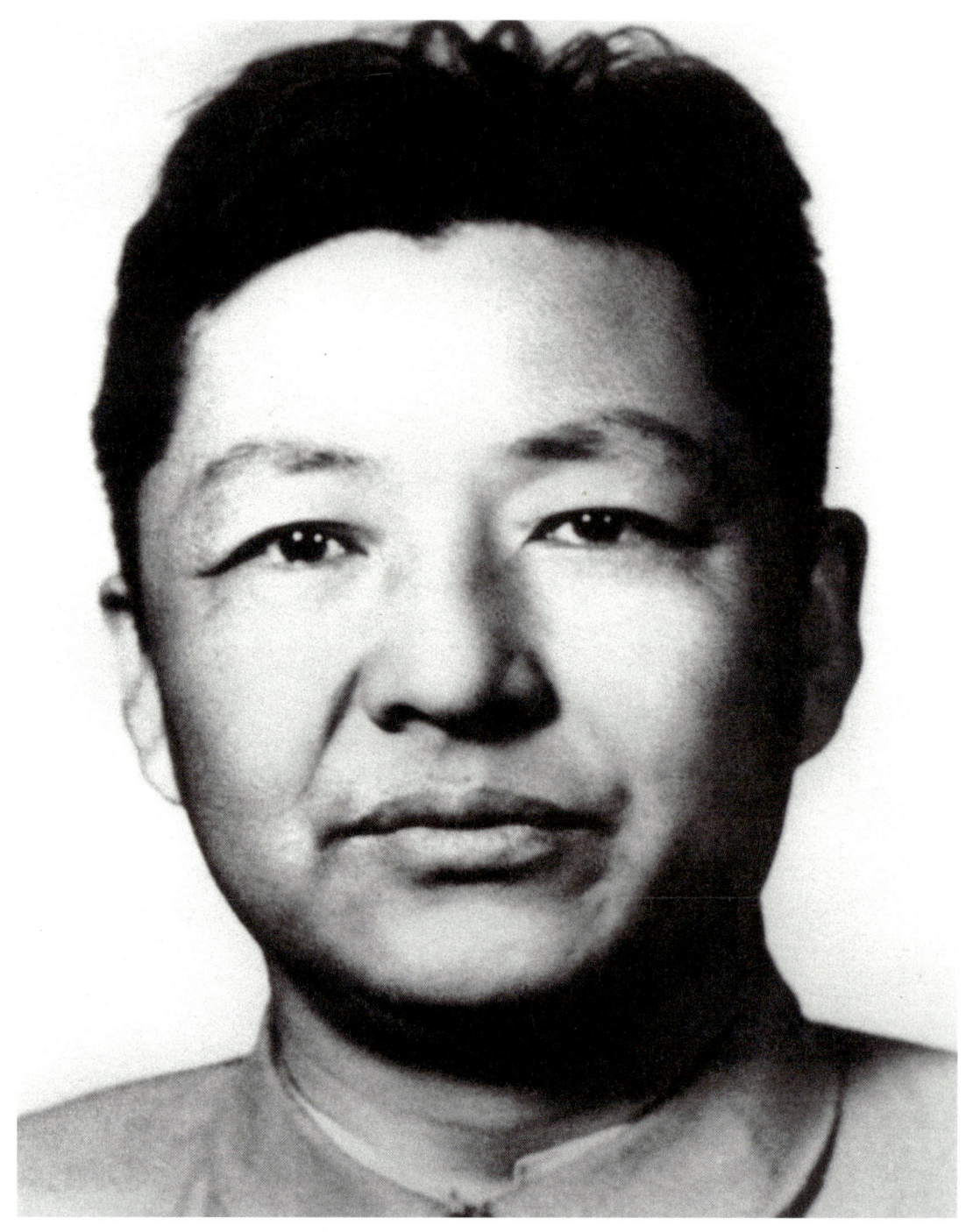

1949年6月,新的中共中央西北局组成,彭德怀、贺龙、习仲勋分别任第一、第二、第三书记。图为中共中央西北局第三书记习仲勋。

  我们共产党员的责任,就在于我们对人民事业的无限忠诚,保持谦虚和老实态度,工作在前,享受在后。

  《习仲勋文选》,《坚持与党外人士合作的统一战线政策》(一九五〇年一月十日),中央文献出版社1995年版,第110－111页。

1949年11月30日，第一野战军与西北军区合并，彭德怀兼军区司令员，习仲勋任军区政治委员。图为西北军区政治委员习仲勋。

  热情是要有的，但如果没有调查，没有计划，盲目地依靠热情去办事，就会犯错误。

  《习仲勋文选》，《把妇女运动再提高一步》（一九五〇年三月八日），中央文献出版社1995年版，第119页。

1950年2月,习仲勋任中共中央西北局第二书记。

1950年10月，习仲勋代理西北军政委员会主席，全面主持西北党政军工作。

　　我们的眼睛要常常往前看，望着那些新的发展着的东西，我们的工作就永远是胜利的。

　　《习仲勋文选》，《把企业管理与工会工作结合起来》（一九四九年九月二十三日），中央文献出版社1995年版，第106页。

　　学习是领导工作的灵魂，工作积极性与创造性提高，事情就好办。

　　《习仲勋文选》，《加强保卫工作》（一九四九年四月十二日），中央文献出版社1995年版，第94页。

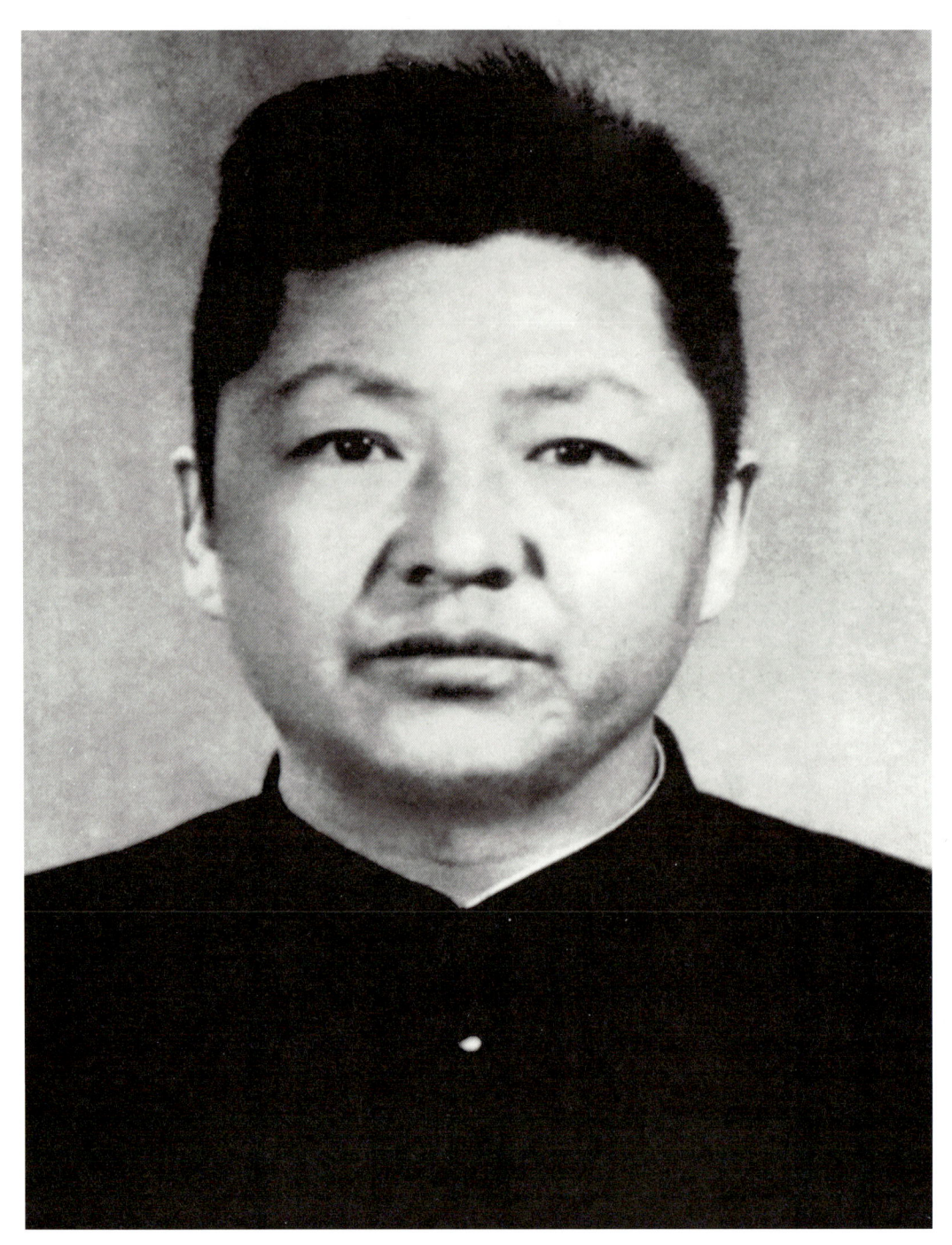

1950年秋，习仲勋在西安。

  正如一部机器一样，必须合理地配置零件。不必要的庞大机构，人浮于事的现象，反而会降低工作效率，起码对于他们的物质待遇、思想教育，还得设一批人专做此项工作，又增加一层浪费。

  《习仲勋文选》，《为统一国家财政经济工作而斗争》（一九五〇年三月十八日），中央文献出版社1995年版，第121页。

1951年2月20日,习仲勋在中央人民政府委员会第十一次会议上汇报西北地区工作情况。

人民群众是一切事业的主体,我们在任何时候都不能脱离这个主体。否则,我们就会一事无成。

《习仲勋文集》(下卷),《信访工作是光荣的事业》(一九八五年十月八日),中共党史出版社2013年版,第1009页。

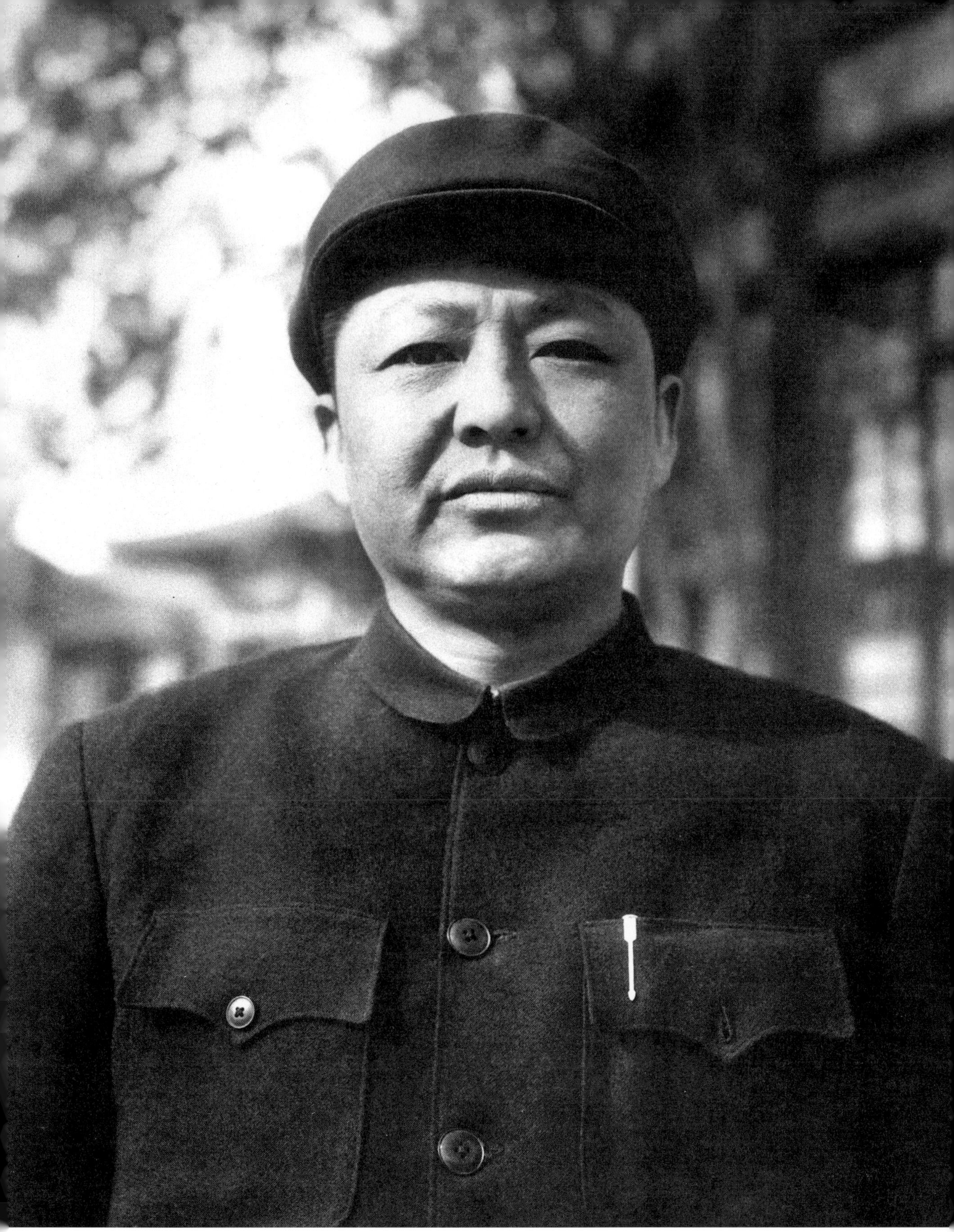

1951年国庆节，习仲勋在西安检阅游行队伍。

  我们的干部要坚持密切联系群众的作风，深入基层，调查研究。切实为群众办实事，增强同人民群众的血肉联系。

  《习仲勋文集》（下卷），《稳定是国家的最高利益》（一九九〇年三月二十六日），中共党史出版社2013年版，第1266页。

  贪污要反对，浪费更要反对，因为浪费往往是看不见的、不知不觉的。

  《习仲勋文选》，《为统一国家财政经济工作而斗争》（一九五〇年三月十八日），中央文献出版社1995年版，第122-123页。

◀ 1951年4月，习仲勋在西安。

1952年9月，习仲勋任中共中央宣传部部长。

  我们要从领导上展开思想斗争，严惩贪污，厉行节约，提倡精打细算，反对大少爷作风。拿钱和泥，不算本事。我们负责给人民办事，所要求的是用最少的人力、物力和时间，做出更多更好的工作成绩。

  《习仲勋文选》，《为统一国家财政经济工作而斗争》（一九五〇年三月十八日），中央文献出版社1995年版，第123页。

1952年，习仲勋在西安。

  我们要毫不留恋地丢掉过去那种不能适应今天工作需要的工作作风，创造出完全适合今天的新的现实情况的工作作风。

  《习仲勋文选》，《为统一国家财政经济工作而斗争》（一九五〇年三月十八日），中央文献出版社1995年版，第125页。

> 过去的经验，只能当参考，不能当公式乱搬，乱搬就会出毛病的。
>
> 《习仲勋文选》，《为统一国家财政经济工作而斗争》（一九五〇年三月十八日），中央文献出版社1995年版，第125页。

1953年，习仲勋在中南海。

1953年9月，习仲勋任中央人民政府政务院秘书长。

  如果我们的思想作风不对头，让官僚主义、命令主义的政治微生物将我们腐蚀，再不加警惕，不谋纠正，就会使我们的各项工作都做不好，就会丧失群众的爱戴，甚至会使群众离开我们，使已经获得的伟大胜利不能巩固，甚至遭受失败。
  《习仲勋文选》，《反对官僚主义命令主义》（一九五〇年五月二十日），中央文献出版社1995年版，第139页。

1954年，习仲勋参加毛泽东亲自主持的新中国第一部宪法起草委员会会议。左排左起：习仲勋、乌兰夫、沈雁冰、毛泽东、李济深、宋庆龄、何香凝、张澜、沈钧儒。

我们的一切制度和措施，都是为了如何使群众聪明，使群众有智慧，掌握科学知识。人民的文化水平越高，我们社会的发展进步就越快。

《习仲勋文集》（上卷），《文化工作要为经济建设服务》（一九五一年九月二十二日），中共党史出版社2013年版，第250-251页。

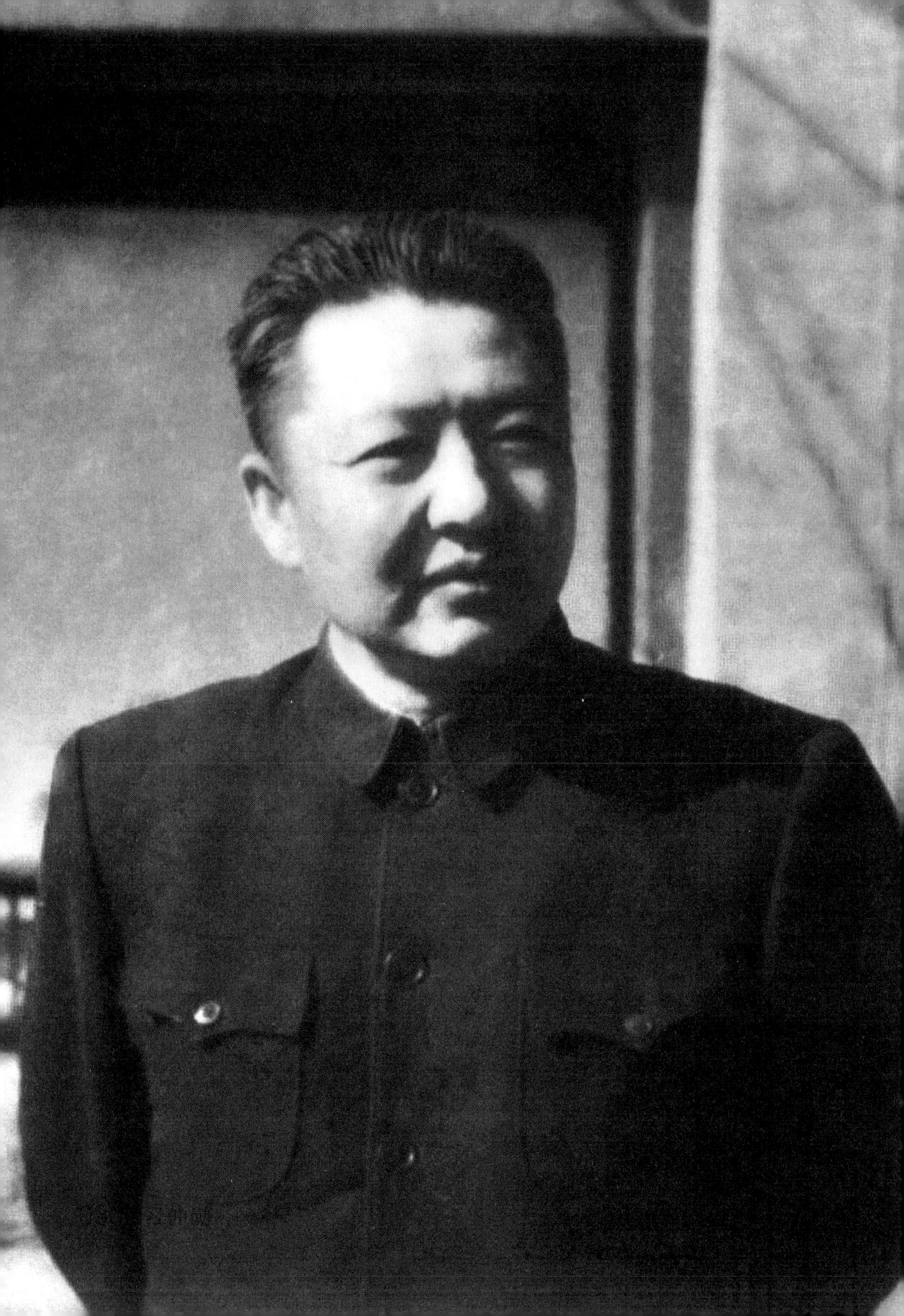

1959年4月，在第二届全国人民代表大会第一次会议上，习仲勋被任命为国务院副总理兼秘书长。

  要知道领导工作是一种艺术，仅有热情是不够的，还要有办法。像打仗一样，光靠勇敢不行，要讲究战略、战术，要学会集中力量去解决当前工作中最重要的问题。

  《习仲勋文选》，《反对官僚主义命令主义》（一九五〇年五月二十日），中央文献出版社1995年版，第143页。

  现在我们有一些同志有个毛病，就是喜欢捂疮疤，实际上是讲面子，不讲真理。疮疤捂住怎么行呢？有疮疤叫医生来治嘛！

  《习仲勋文选》，《适应新的形势，努力搞好农村文化艺术工作》（一九八二年一月三日），中央文献出版社1995年版，第373—374页。

  ◀ 1956年9月，习仲勋出席中共第八次全国代表大会，当选为中央委员。

1975年，习仲勋下放洛阳。

我准备回农村去做个农民，革命也不是为了当官，种地同样可以革命。
《习仲勋文选》，《永远难忘的怀念》（一九七九年四月八日），中央文献出版社1995年版，第316页。

从 "落脚点" 到 "开放圈"
From the Starting Point to the Opening Zone

1978年2月,习仲勋出席全国政协五届一次会议,当选为全国政协常委。

  还有一些人,官僚主义的气味极其浓厚。他做的工作别人不能过问,墙堵得很厚,神圣不可侵犯。一听到批评,就疾言厉色,拒人于千里之外。或是专爱自吹自擂,自作聪明,满足于形式上的轰轰烈烈,不求工作的实际效果。

  《习仲勋文选》,《反对官僚主义命令主义》(一九五○年五月二十日),中央文献出版社1995年版,第143页。

1978年12月,习仲勋列席中共十一届三中全会,被增选为中央委员。

必须听取下边被领导者的批评,他们能够反映更丰富的生动事实,能够提出很多有益的意见,好比打开窗子才可以放进阳光,呼吸到新鲜空气。我们是非常需要阳光和新鲜空气的。

《习仲勋文选》,《反对官僚主义命令主义》(一九五〇年五月二十日),中央文献出版社1995年版,第148页。

1978 年 12 月，习仲勋任中共广东省委第一书记、省革委会主任。

我们是群众的先生，又是群众的学生。要善于当群众的学生，才能更好地给群众当先生。
《习仲勋文选》，《动员一切力量，为完成甘肃全省土地改革而斗争》（一九五一年八月二十二日），中央文献出版社 1995 年版，第 177 页。

1979年主政广东的习仲勋。

要改革，确实会碰到阻力。每前进一步都有斗争。这里有旧框框和习惯势力的束缚；也有对新事物的实践和认识的过程。

《习仲勋文集》（上卷），《要立志改革》（一九八〇年十月十一日），中共党史出版社2013年版，第688页。

1979年1月,习仲勋在海南大东海海滩。

  有些人常常喜欢争执鼻子尖下面的小事情,斤斤计较个人得失,这长那短,并不去想到千百万人的大事情。他们好像无事可做,而不知道等着我们去做的事情很大很多。

  《习仲勋文选》,《关于土地改革和整党工作中的若干领导问题》(一九四八年十二月四日),中央文献出版社1995年版,第72页。

1979年6月1日，广东省委召开三级干部会议，习仲勋传达了中央同意广东在改革开放中先行一步要求的精神。图为叶剑英接见会议代表，习仲勋与叶剑英、许世友、杨尚昆（从左到右）手挽手来到同志们中间。

  抬轿子的人，任何时候任何地方都会有。问题在于坐轿子人的态度，你是欣赏鼓励呢，还是抵制反对？抬轿子的固然不对，坐轿子的责任更大，我们每个人都会遇到这个问题，也都有一个如何正确对待的问题。

  《习仲勋传》（下卷），《在中国共产党第十一届六中全会预备会上的发言记录》（一九八一年六月二十四日），中央文献出版社2013年版，第503页。

1979年11月,习仲勋率领广东省友好代表团出访澳大利亚,怀抱澳大利亚儿童。

  古今中外的事实表明,一个封闭的民族是很难发展和进步的。……在民族工作中,应当积极地帮助各少数民族改变封闭状态,实行开放。这种开放,包括对国外开放和对国内其他地区、其他民族的开放。
  《习仲勋文集》(下卷),《少说空话,多办实事,把少数民族地区的经济文化建设搞上去》(一九八六年十一月一日),中共党史出版社2013年版,第1127页。

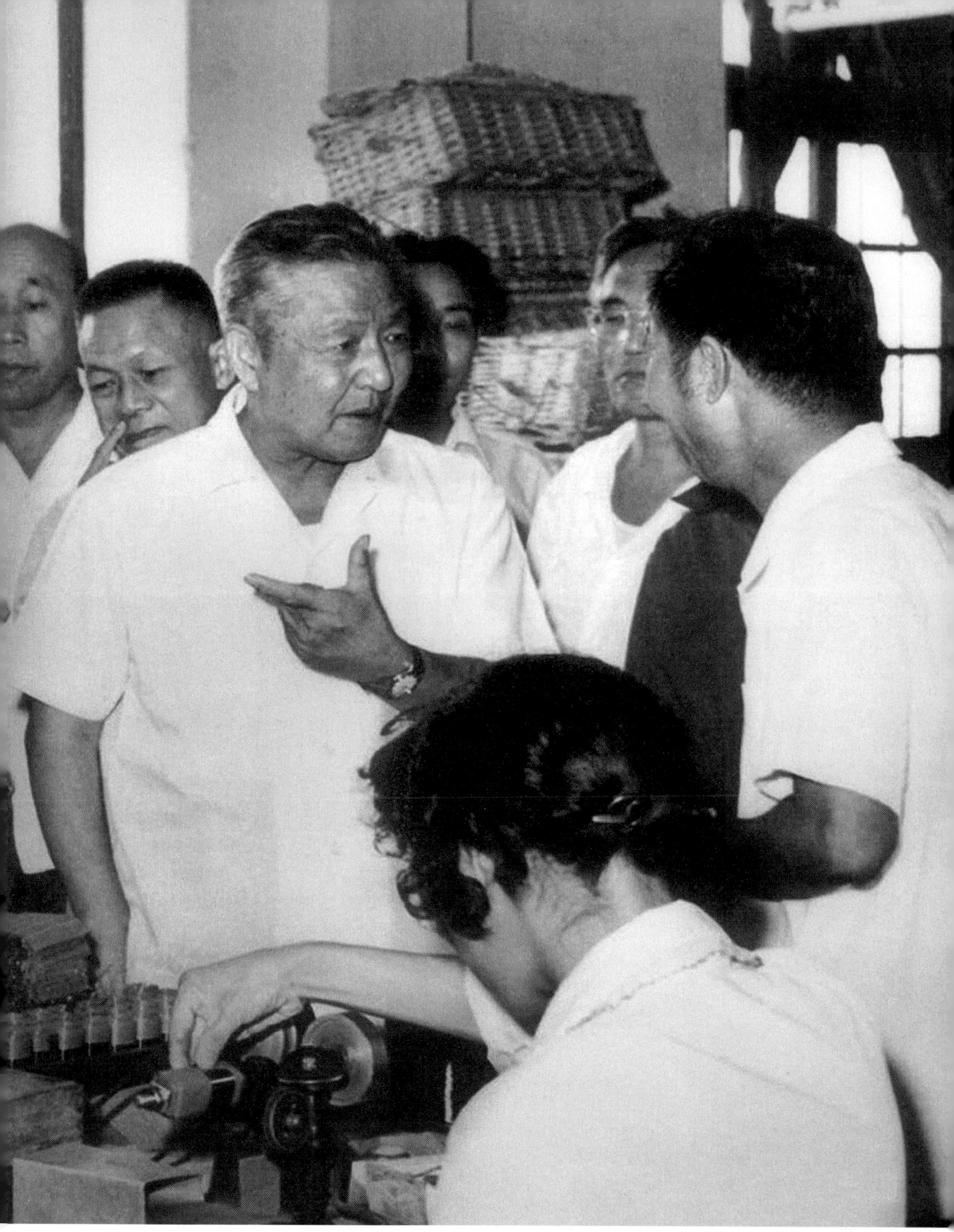

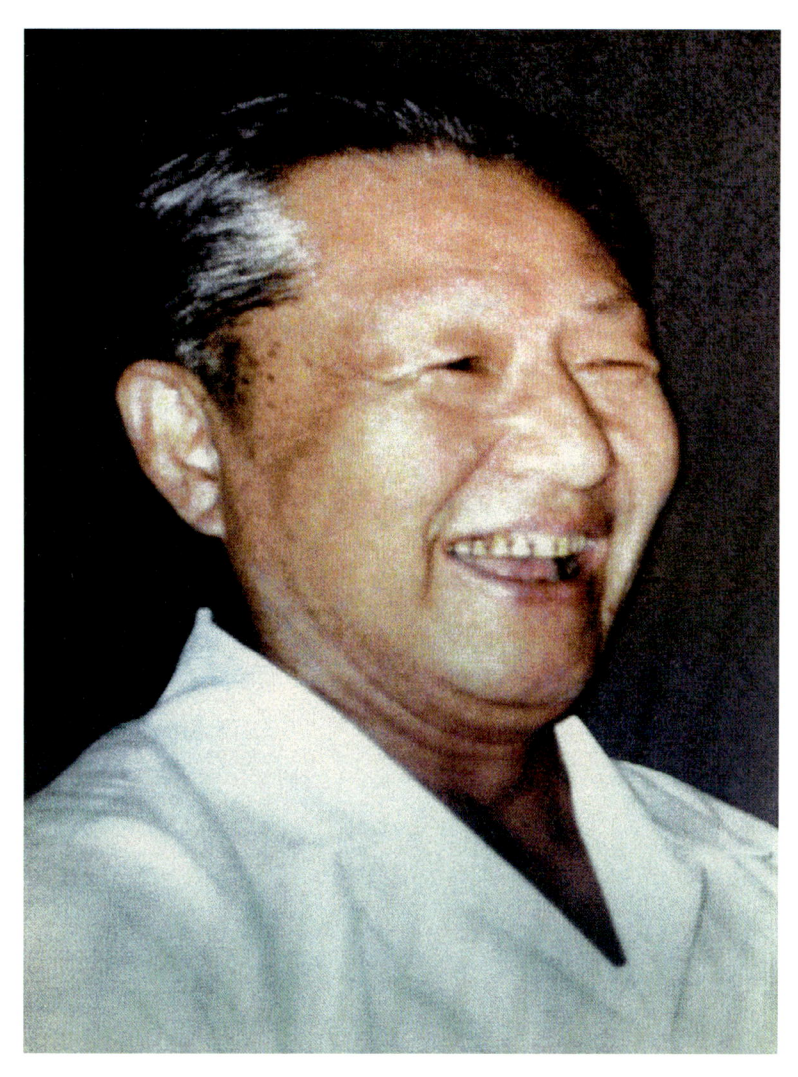

从 "落脚点" 到 "开放圈"
From the Starting Point to the Opening Zone

1980年9月，在第五届全国人民代表大会第三次会议上，补选习仲勋为全国人大常委会副委员长。

群众运动开展起来，就好像一渠河水放下来，必须紧张地注意着两旁堤岸，随时随地堵塞漏洞，勿使决口，才能保证河水向着正确的方向奔流。

《习仲勋文选》，《动员一切力量，为完成甘肃全省土地改革而斗争》（一九五一年八月二十二日），中央文献出版社1995年版，第175页。

我们的干部绝对不能脱离群众，要扎根于群众之中，扎根于实践之中。你不接触实际，不联系群众，怎么与群众结成鱼水关系呢？

《习仲勋文集》下卷，《听取珠海经济特区负责人工作汇报会后的讲话》（一九八七年二月十九日），中共党史出版社2013年版，第1147-1148页。

◀ 习仲勋主政广东期间，积极探索国有企业改革的路子，支持并推广"清远经验"。图为习仲勋（左三）深入工厂调查研究。

1980年11月，习仲勋在广东。

有些干部是不懂实际，不懂农村，毫无生产知识，自己糊涂，还要把群众也弄糊涂。

《习仲勋文选》，《反对官僚主义命令主义》（一九五〇年五月二十日），中央文献出版社1995年版，第146页。

1981年6月，习仲勋在中共十一届六中全会上被增补为中央书记处书记。

每个共产党员都应当明白：虚心冷静，勇于改正错误，才能进步；骄傲自满，就是落后。
《习仲勋文选》，《关于陕甘宁边区一九四八年的土地改革和整党工作》（一九四八年七月），中央文献出版社1995年版，第71页。

担任中共中央政治局委员、中央书记处书记期间的习仲勋。

  批评别人必须实事求是，与人为善，注意分寸，不乱戴帽子，勿早作结论。
  《习仲勋文选》，《动员一切力量，为完成甘肃全省土地改革而斗争》（一九五一年八月二十二日），中央文献出版社1995年版，第183页。

从 "落脚点" 到 "开放圈"
From the Starting Point to the Opening Zone

1981年春，习仲勋在中南海。

  完成任何任务，都不仅是把任务交给下边，而且要给干部讲道理、教方法。不仅开始时要讲、要教，更重要的，是在工作进行过程中，不断地讲、不断地教。这就是实际的政策、策略教育，就是最有效能的思想政治工作。

  《习仲勋文选》，《动员一切力量，为完成甘肃全省土地改革而斗争》（一九五一年八月二十二日），中央文献出版社1995年版，第182页。

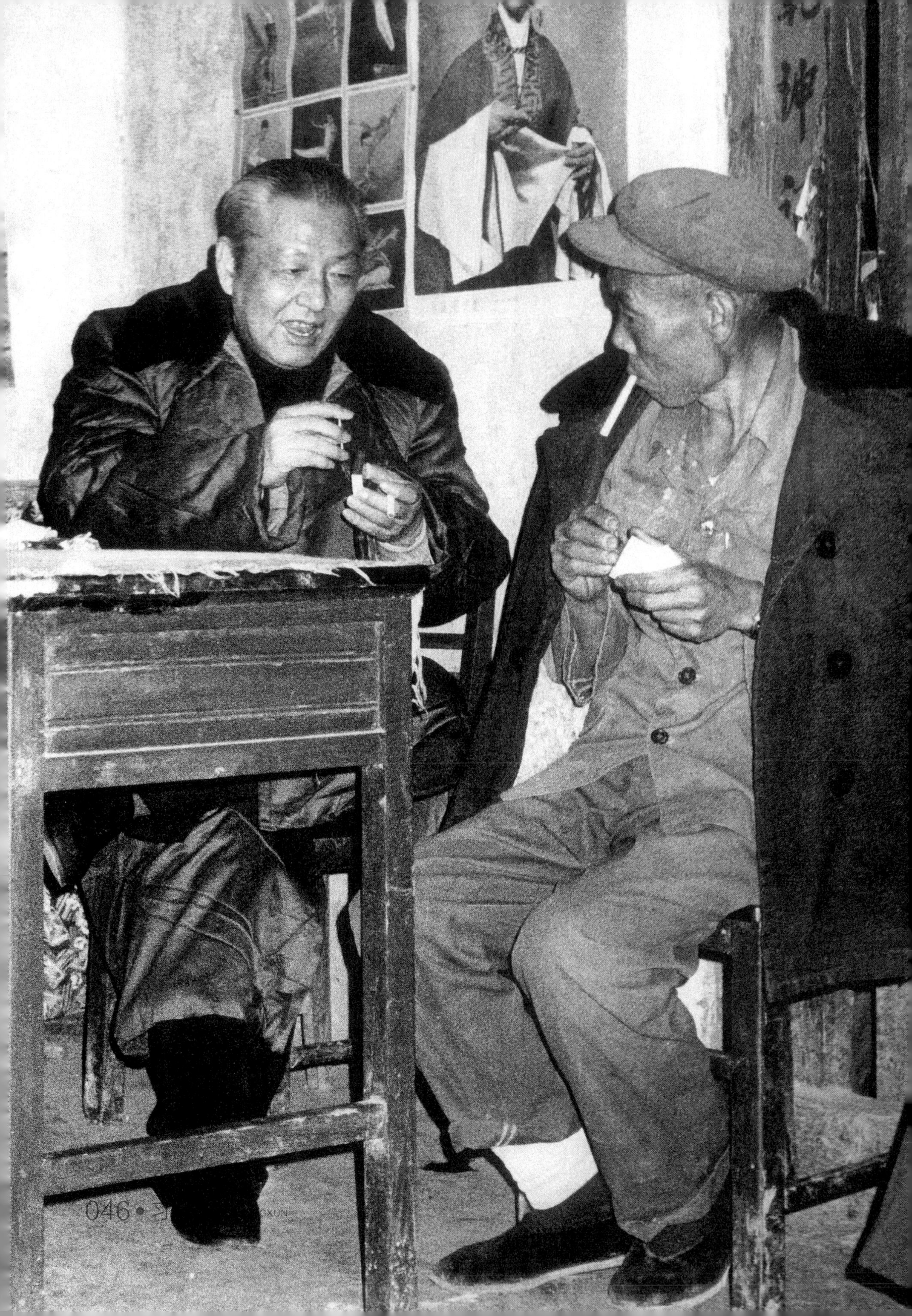

1982年9月，习仲勋在中共第十二次全国代表大会上当选中央委员，在十二届一中全会上当选中央政治局委员、中央书记处书记。

  一切问题，凡从实际出发，就有准则，离开了实际，就没有准则，去掉个人成见，就容易是非分明；反之就会走弯路。

  《习仲勋文选》，《动员一切力量，为完成甘肃全省土地改革而斗争》（一九五一年八月二十二日），中央文献出版社1995年版，第183页。

  我们不能脱离群众，我们第一身份是群众中的一分子，第二是共产党员，党员要起模范带头作用，党员不能高人一等，盛气凌人，特别是干部，不要有官气。

  《习仲勋文集》（下卷），《在全国信访座谈会上的讲话》（一九八六年五月二十一日），中共党史出版社2013年版，第1081页。

◀ 1982年1月，习仲勋（左）在云南考察时与农民交谈。

不能因为犯法者是干部、是共产党员，就可以逍遥法外，只要有人控告和检举，又有确凿证据，我们就要依法处理。

《习仲勋文选》，《掌握情况 依法办事》（一九五〇年五月四日），中央文献出版社1995年版，第136页。

1982年，习仲勋在中南海勤政殿办公。

1982年5月16日,习仲勋(右)在人民大会堂会见葡萄牙武装力量总参谋长梅洛·伊芝迪上将。

1982年12月，第五届全国人大常委会第五次会议在北京召开，副委员长兼法制委员会主任习仲勋作《全国人民代表大会组织法（草案）》、《国务院组织法（草案）》等法律草案说明。

说假话的风气一定要治一治才好，不然会坏大事。

《习仲勋文集》（下卷），《对地方虚报粮食产量的批语》（一九八八年十月十日），中共党史出版社 2013 年版，第 1226 页。

特别在党内有一部分人满足于过去的成绩，看不见工作的缺点，更意识不到今后建设任务的繁重和艰苦，这是很危险的。

《习仲勋文选》，《关于西北地区的商业调整、人民生活状况和民族工作问题》（一九五二年十二月二十一日），中央文献出版社 1995 年版，第 236 页。

1983年11月，习仲勋在出访法国的飞机上。

了解不全面，就不可能得出正确的方法。……我们不是说"去粗取精"吗？粗是精的基础，无粗就没有精。

《习仲勋文选》，《关于西藏工作的几点意见》（一九五一年十二月十八日），中央文献出版社1995年版，第201页。

从 "落脚点" 到 "开放圈"
From the Starting Point to the Opening Zone

1983年12月5日，习仲勋在瑞士日内瓦湖畔。

遇到重要问题要争，不能马虎；小的问题不要争，要马虎，这就是我们共产党人的原则性和灵活性。

《习仲勋文选》，《关于西藏工作的几点意见》（一九五一年十二月十八日），中央文献出版社1995年版，第201页。

铺张浪费分子常常以为没有将国家的财产窃为私有而自得，这是很坏的思想。

《习仲勋文选》，《发动群众，深入开展反贪污反浪费反官僚主义斗争》（一九五二年一月六日），中央文献出版社1995年版，第204页。

1984年春，习仲勋在中南海勤政殿。

1984年春，习仲勋在中南海打乒乓球。

  教条主义之所以错误，就因为它不问实际情况，完全从本本出发，生搬硬套；政治路线错了，组织路线也必然是错的，政治上搞"左"倾机会主义，必然在组织上搞宗派主义。
  《习仲勋文选》，《红日照亮了陕甘高原》（一九七八年十二月二十日），中央文献出版社1995年版，第291页。

从"落脚点"到"开放圈"
From the Starting Point to the Opening Zone

1985年，习仲勋与乌兰夫（右一）、班禅额尔德尼·确吉坚赞（右三）、赛福鼎·艾则孜（右四）、杨静仁（右五）在北京民族文化宫。

> 每次会议要有充分的准备……要开门见山，简明扼要，有情况，有分析，有检讨，有方针和办法。

《习仲勋文选》，《充分发挥民主效能，在经济战线上打胜仗》（一九五〇年四月二十五日），中央文献出版社1995年版，第129页。

1987年，习仲勋身着蒙古袍服。

那种包罗万象、冗长沉闷的报告是不好的。报好不报坏，报喜不报忧，是不对的。
《习仲勋文选》，《充分发挥民主效能，在经济战线上打胜仗》（一九五〇年四月二十五日），中央文献出版社1995年版，第129页。

1987年，习仲勋在中南海勤政殿办公室看书。

从"落脚点"到"开放圈"
From the Starting Point to the Opening Zone

群众中有无限的智慧和无穷的力量，只要我们把群众动员起来了，任何困难都是可以克服的，任何事情都是可以办成功的……只有真正学会这种方法，才能有保证地做好我们的工作，才能不断地教育提高群众，使之觉悟到：人民是国家的主人，人民自己的力量，可以战胜一切。

《习仲勋文选》，《充分发挥民主效能，在经济战线上打胜仗》（一九五〇年四月二十五日），中央文献出版社1995年版，第130页。

1988年4月13日，习仲勋主持第七届全国人大常委会第一次会议闭幕大会。

1988年,习仲勋在中南海勤政殿办公。

我们不要常常想着自己的主观愿望,原谅工作中的缺点,而是要常常检查工作,看看工作的结果。我们一定要反掉这种辛辛苦苦的官僚主义。

《习仲勋文选》,《充分发挥民主效能,在经济战线上打胜仗》(一九五〇年四月二十五日),中央文献出版社1995年版,第133页。

要鼓励人们敢讲真话。这也是个党性问题。讲党性,最根本的是坚持实事求是,切忌一好百好,一坏百坏。

《习仲勋文集》(下卷),《听取珠海经济特区负责人工作汇报后的讲话》(一九八七年二月二十九日),中共党史出版社2013年版,第1149页。

1989年6月1日，习仲勋（前招手者）等在北京龙潭湖游乐园参加六一儿童节活动。

不听群众的意见，不听不同的意见，我们就要脱离群众，什么事都办不成。
《习仲勋文集》（下卷），《在全国信访座谈会上的讲话》（一九八六年五月二十一日），中共党史出版社2013年版，第1078页。

离开经济，离开群众生产活动的抽象政治，我们有很多人确实是谈得太多了。从那些抽象政治空谈中解放出来，面向经济，把生产事业办得更好一点，把关系群众生活的事情办得更好一点，这就是今天我们所要努力做到的。
《习仲勋文选》，《充分发挥民主效能，在经济战线上打胜仗》（一九五〇年四月二十五日），中央文献出版社1995年版，第133页。

1989年，习仲勋在北京。

1997年7月，习仲勋在家中书房题词抒怀，喜庆香港回归。右为夫人齐心。

从 "落脚点" 到 "开放圈"
From the Starting Point to the Opening Zone

不深入下层，不接触实际，光向下面要报告，靠报告了解情况，又靠发指示决定去布置工作，这样就弄坏了我们的事业，使领导工作变成纸上空谈。

《习仲勋文选》，《反对官僚主义命令主义》（一九五〇年五月二十日），中央文献出版社1995年版，第142页。

1997年，习仲勋（右）与著名藏族爱国人士、全国政协常委黄正清碰顶致意。

1998年11月，习仲勋为百名将军书画展题词。

  我们的任何纪念活动，都不是为了纪念而纪念。纪念某一个节日，总是为了总结历史经验，更好地前进。

  《习仲勋文选》，《在新华社建社五十周年纪念会上的讲话》（一九八一年一月十一日），中央文献出版社1995年版，第361页。

  稳定是国家的最高利益，党、政、军、群各方面，社会各部门一切企事业单位，每一个党员、干部，每一个公民，都应该自觉地维护我国的政治、经济和社会的稳定，都应该自觉地为稳定作出自己的努力。

  《习仲勋文集》（下卷），《稳定是国家的最高利益》（一九九〇年三月二十六日），中共党史出版社2013年版，第1266页。

1999年10月1日晚，习仲勋在天安门城楼上观看庆祝中华人民共和国成立50周年庆典焰火表演。

1999年10月7日，习仲勋再次回到中南海。

  我历来认为，成绩在任何时候都不要讲过头了，宁可讲得少一点，缺点可以说得多一点，重一点，这对我们有好处。我还认为，一个人头上经常戴个紧箍咒好，在工作顺利的时候，想起会碰钉子，就会谨慎一点。

  《习仲勋文选》，《在全国统战工作会议上的讲话》（一九八二年一月五日），中央文献出版社1995年版，第375页。

  "人民是江山，江山就是人民！"

  《习仲勋传》（下卷），中央文献出版社2013年版，第658页。

1999年，习仲勋在深圳。

搞统一战线工作，要有诚意，说话不要用外交辞令。

《习仲勋文选》，《在全国统战工作会议上的讲话》（一九八二年一月五日），中央文献出版社1995年版，第377页。

从 "落脚点" 到 "开放圈"
From the Starting Point to the Opening Zone

2000年7月2日，习仲勋在刚竣工不久的深圳滨海大道。

领导要尽可能走出办公室，跳出文件堆，摆脱事务，到工人农民中去。脑子里原来什么都没有，只是"加工厂"，离开客观实际搞不出什么东西来。

《习仲勋革命生涯》，中共党史出版社、中国文史出版社2002年版，第542页。

2001年10月8日，环县皮影申报非物质文化遗产保护，曾作为第一任县委书记的习仲勋题写了"中国皮影"四个字。

  一个虽有某些缺点错误但力求进取、勇于创新的青年，要比一个因循守旧、唯唯诺诺、不求有功但求无过的青年强得多。没有创造精神本身就是最严重的缺点，我们的事业需要的恰恰不是这样的青年。

  《习仲勋革命生涯》，中共党史出版社、中国文史出版社2002年版，第633-634页。

从"落脚点"到"开放圈"
From the Starting Point to the Opening Zone

(1913.10—2002.5)

"我这个人呀,一辈子没整过人,一辈子没犯'左'的错误。"习仲勋曾对一起散步的原《人民日报》总编辑秦川如是说。这句话,是习仲勋对自己革命生涯的总结。

XIZHONGXUN 02
从"落脚点"到"开放圈"
From the Starting Point to the Opening Zone

贰

落脚点
The starting point

"你一定要做好根据地的开辟工作"

习仲勋以一种历史自觉主动地承担了这一重任

弥补了陕甘边革命根据地建设的人才"短板"

习仲勋改变着自己

也改变了陕甘边重军事斗争轻政权建设的革命格局

在当时的红色中国

陕北红军正学着自己走路

走自己的路

"左"倾教条主义者不相信山沟里有马克思主义

但马克思主义却在陕北这块贫瘠的土地上生长

并成长出了陕北这块根据地

毛泽东说

我说陕北是两点

一个落脚点

一个出发点……

习仲勋故居。

还是叫"仲勋"好

  习仲勋原名习中勋。1926年,习仲勋就读于立诚公学高小部,老师严木三先生认为"中勋"含有"元勋"之意,遂给"中"字旁加了个"人"字,取为人中正,办事公道之意。学校里深通韵律的封至模先生说,"中勋"读起来不上口,还是叫"仲勋"好。

  习仲勋的小名叫"相近"。习仲勋在谈到自己的小名时曾说:"父亲给我取的相近的小名,冠以习姓时,就成了习相近,恰好与《三字经》中'性相近,习相远'词义相反。结果上学时,不少同学都说我怎么叫了这么个名字?这是因为我在兄弟排行中为长,即取了相近,我的堂弟仲辉排行为二,却取了相远。也许父亲当时还有其他更深的寓意。"(《习仲勋传》上卷,中央文献出版社2008年版,第8页。)

习仲勋出生地——陕西省富平县淡村乡习家庄(今中合村)。中合村,1958年以前叫习家庄。清光绪二十六年(公元1900年),习仲勋的祖父习永盛带领家人从河南邓州逃荒来到此处,故以习姓命名村庄。1998年10月28日,习仲勋家乡的中合小学新教学楼建成后,村委会主任瞿一龙代表家乡人民给习仲勋写信,表示想要将"中合小学"改名为"仲勋小学"。习仲勋没有同意。图为同年11月9日,他特为家乡小学题写的"中合小学"校名。

习仲勋当年在立诚公学读书时的教室。

立诚启蒙

　　立诚是一所学校的名字，全称叫立诚公学。1920年，陕西靖国军总指挥胡景翼在原靖国阵亡将士子女学校的基础上创办了这所完全小学。1926年春，习仲勋考入立诚公学高小部，成为这所学校少数免费生之一。就是在这所学校，习仲勋接受了马克思主义的启蒙。

　　习仲勋的启蒙老师叫严木三，其党内身份是共青团富平特支书记。在讲授马克思主义时，严木三总是把陈独秀、李大钊等共产党人发表的文章、进步报刊的重要观点先背下来，然后讲给学生，并介绍一些书刊供大家阅读，从中发现积极分子，吸收加入团组织。习仲勋就是这样被发现并加入共青团组织的。时年，他还不满13岁。这被公认为习仲勋参加革命的起点。

这是原陕西省第三师范学校旧址，现在是三原县幼儿园。

狱中入党

1928年春，习仲勋因参加爱国学生运动，遭到国民党当局关押。同时遭到关押的还有习仲勋的8位同学以及三原县委学生运动负责人武廷俊。狱中，经武廷俊介绍，习仲勋加入了中国共产党，时年不满15岁。入党后，习仲勋参加了武廷俊成立的一个党团员秘密小组，学习进步读物，进行绝食斗争，对关押的逃兵宣传和串连……

习仲勋入狱后先关押在三原，后移至西安军事裁判所，关押时间长达5个月。国民党陕西省主席宋哲元看到被抓的是稚气未脱的学生娃，便下令交保释放。交保释放需要两个保人（有商号），习仲勋的叔父习宗仁闻迅后专门从富平来到西安，费尽周折只找到一位在西安做生意的同乡，无奈又刻了一个假商号的图章，才办齐了出狱手续。为避免节外生枝，习宗仁特意买了3个大西瓜，送给监狱看守。这样，习仲勋才得以释放。

而此时，这位深明大义的国民党将军宋哲元并不知道，习仲勋已经是中共正式党员，从此，他走上一条职业革命家的道路。

"两当兵变"中，习仲勋（左一）为拉近与机枪连两个排长的关系，特意拍了这张"金兰照"。这是目前所见习仲勋最早的一张照片。

两当兵变

习仲勋出狱后的这一年，发生了历史上罕见的"民国十八年大饥馑"，他的父亲和母亲相继病逝，惨烈的天灾人祸，给习仲勋的一家带来了巨大灾难。作为长子，习仲勋本应留下来照料家庭，但他毅然服从了党组织的安排。1930年，习仲勋来到长武县，在国民党军陕西警备骑兵三旅三团二营从事"兵运"工作。

进入这支部队后，习仲勋从见习官一直当到特务长。半年后，这支部队里成立了营委，习仲勋成为"兵暴中的营委书记"。

习仲勋做士兵工作，或是从关心士兵生活入手，联络感情；或是利用同乡关系，甚至用结义办法建立特殊关系。比如，为团结改造机枪连，习仲勋与营部军需文书刘书林、凤县文官模范小学的老师刘希贤和机枪连两个排长"义结金兰"，拍了一张"金兰照"。

1932年4月，习仲勋利用部队换防之机，在甘肃两当县"引爆"了兵变。兵变部队约300人，改为中国工农红军陕甘游击队第五支队，开赴陕甘边。后遭土匪骑兵包围，队伍被打散，兵变失败。

"两当兵变"是习仲勋正式从事武装斗争向陕甘党组织交出的第一份答卷。尽管这次兵变失败，但习仲勋从中获得了发动、组织、统战等多方面的工作体验，习仲勋能从一个毛头小伙快速成长为一名坚定的党的战士，与这次兵变密不可分。

这场在习仲勋看来是失败的兵变，却让刘志丹发现了习仲勋，也让更多的人认识了习仲勋。

兩當兵變舊址

习仲勋第一次见到刘志丹是在照金金刚庙。这次见面把他带入了一个新的革命领域。图为刘志丹。

习仲勋和谢子长第一次见面是在耀县的杨柳坪。谢子长说："过去我们没有根据地，现在要搞。"图为谢子长。

最根本的一条是要有根据地

兵变失败后，迷惘的习仲勋辗转来到了耀县照金，在金刚庙和杨柳坪第一次见到仰慕已久的刘志丹、谢子长。

这次见面，影响了习仲勋的一生，并把他带到了一个新的革命领域，在不经意间，他们完成了根据地政权建设方面的领导人准备。

"我的失败次数比你多得多。"刘志丹对因兵变失败心情沉重的习仲勋说，"几年来，陕甘地区先后举行大大小小七十多次兵变，都失败了。最根本的原因是军事运动没有同农民运动结合起来，没有建立革命根据地。如果我们像毛泽东同志那样，以井冈山为依托，搞武装斗争，建立根据地，逐步发展扩大游击区，即使严重的局面到来，我们也有站脚的地方和回旋的余地。现在最根本的一条是要有根据地。"（《习仲勋革命生涯》，中共党史出版社、中国文史出版社2002年版，第4页。）

谢子长也叮嘱习仲勋说："过去我们没有根据地，现在要搞。从关中逃难过来的饥民多，你在这儿人熟地熟，工作条件好。我们没有枪支弹药留给你，你要在发动群众的基础上，成立农民协会，组织游击队，开展游击战争。"

陕甘游击队离开照金时，刘志丹把陕甘游击队第二大队特务队留给习仲勋指挥，说："你是关中人，还种过庄稼，能跟农民打成一片，你一定要做好根据地的开辟工作。"此后，习仲勋便把根据地及政权建设作为自己的工作方向。

1987年，中顾委委员、原甘肃省政协主席黄罗斌到北京看望习仲勋（右）。2002年2月15日，习仲勋为《血沃高原——黄罗斌传记》一书作序《一代名将，千古忠魂》。

苏区一定要扩大

种过庄稼并不意味着能跟农民打成一片。习仲勋稚嫩的革命肩膀能扛起这一重任么？

1933年冬，16岁的游击队员黄罗斌受委派前往三原，任务是将一份关于渭北苏区的情况报告交给县委，接头人正是共青团三原中心县委书记习仲勋。据黄罗斌回忆，习仲勋看完报告，问了一些问题后说，"渭北苏区以武字区为中心，东邻富平，西连淳化，北接耀县，南临三原，东西长不过40里，南北宽不过20里，地方太小；游击队十几个人，七八条枪，周围民团经常骚扰，既没地方躲藏又没回旋余地；地方小了，群众就少，兵源也就缺乏。所以，苏区一定要发展要扩大。苏区发展壮大了，有了广泛的群众基础，有了充足的兵源，反击敌人才有了力量，革命根据地才能不断巩固壮大。"（《习仲勋革命生涯》，中共党史出版社、中国文史出版社2002年版，第84页。）

这是习仲勋第一次阐述自己对创建根据地的认识。渭北根据地最终没有扩大，在地方部队、民团、土匪的打压下，创建根据地的活动被压向了照金一带。

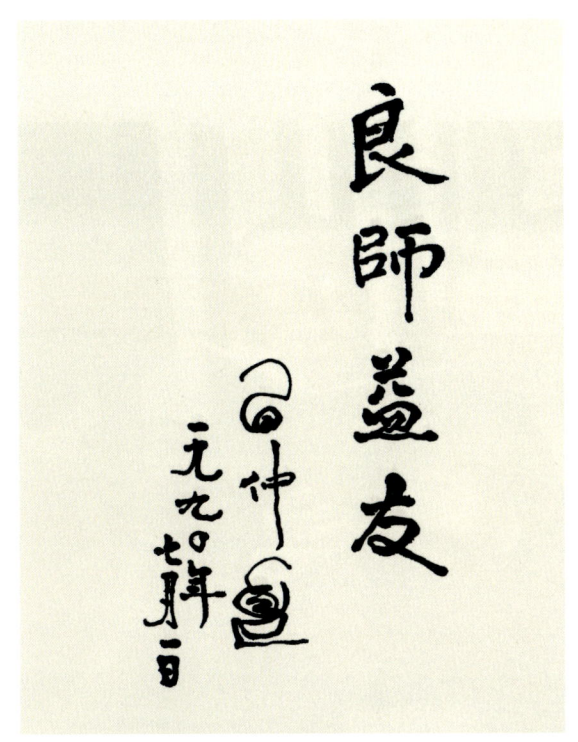

习仲勋为赵伯平题词"良师益友"。

1933年，赵伯平是习仲勋任共青团三原中心县委书记时的领导，对习仲勋系统学习革命理论影响较大，被习仲勋称为"良师益友"。图为赵伯平。

三原"充电"

学习有三种途径：从自己的实践中学；从别人的实践中学；从书本上学。前一种需要更多的勇气，后两种则需要更多的智慧。习仲勋有"两当兵变"失败的教训，有群众领袖刘志丹、谢子长的指点，缺乏的是系统的理论学习。

赵伯平给他提供了这样一次机会。

1933年2月，赵伯平担任中共三原中心县委副书记时，习仲勋任共青团三原中心县委书记。赵伯平重视干部教育，几乎每天都抽出时间组织大家学习和讨论《井冈山的斗争》、《星星之火，可以燎原》等毛泽东的革命著作。参加革命7年来，这样的学习和讨论对习仲勋来说还是第一次，每次学习和讨论，他心头总会有一种豁然开朗的感受。

在这段时间里，习仲勋完成了创建根据地的知识储备和理论储备，弥补了陕甘边根据地建设的人才"短板"。

这年3月中旬的一天下午，赵伯平约习仲勋登上三原县城东关城墙，感慨地说，总结以往的经验教训，在今后的革命斗争实践中，要注意克服甚至抵制"左"倾方针、政策的影响，尤其是对武装工作方面的一些干扰。在此后的革命生涯中，反对"左"倾成为习仲勋一生的努力，他甚至被一些研究者誉为"反'左'斗士"。

50年后，习仲勋回忆起这段经历时说，赵伯平"和我说话的神态，就像刚发生在眼前……"（《习仲勋传》上卷，中央文献出版社2008年版，第117-118页。）

王世泰（左）是习仲勋在陕甘边的老战友。创建照金根据地时，王世泰任红二十六军红二团团长。王世泰说："习仲勋是搞地方工作的一个典范"。图为1993年，习仲勋和王世泰审阅《中国工农红军第二十六军战史》。

他是搞地方工作的一个典范

革命根据地一步步退向山区，陕甘边共产党人也一步步走向成熟。

1933年3月，习仲勋来到了照金，先后任陕甘边特委军委书记、陕甘边游击队总指挥部政委、陕甘边革命委员会副主席、主席，参与并领导了照金根据地的建设。

"我们党的领导干部，大部分是中学生或大学生，不了解实际，基层干部又大都不识字。你是中学生，又会种庄稼，这是你的长处。"刘志丹让习仲勋多做社会调查，学会团结各阶层人士，听取不同意见。习仲勋一村一村调查，一户一户做工作，从开展分粮斗争入手发动群众，组织农会、贫农团、赤卫队和游击队，一块东西50多里，南北80多里的根据地很快在4月底初步建成。

习仲勋和大家一起在薛家寨据险筑堡，建立了医院、被服厂、修械厂，使红二十六军二团有了一个可靠的后方，有了一个依托点和落脚点。

时任红二团团长的王世泰说，习仲勋"可以说是个大总管……凡熟悉这段历史的同志，都为习仲勋同志扎实的工作作风，任劳任怨的品德，身先士卒的精神所感动，认为他是搞地方工作的一个典范……"（《习仲勋革命生涯》，中共党史出版社、中国文史出版社2002年版，第55页。）

1933年3月，陕甘边特委在耀县照金兔儿梁成立。习仲勋任特委委员、特委军委书记等职，后又当选为边区革命委员会副主席、主席。图为照金兔儿梁。

那时多亏年轻，要不就没命了

1933年5月底的一天，习仲勋带领政治保卫队到北梁开会，在陈家坡半坡遭遇民团埋伏，腰部被子弹击中，他迅速指挥游击队员冲出包围，自己却被民团围住。习仲勋后来回忆说："我负伤后，血流不止，周身酸困无力，当时被民团一位叫周致祥的小头目押着走。他好奇地问我，我看你是个大官。我说，我是一个百姓，政府派的粮款逼得没办法，才来当红军。……说着我从口袋里掏出六块银元给他。他又退给我三块说，我知道你是大官，我放你跑。听了这话，还不知道是真是假，便硬鼓起劲朝沟外跑去……"

习仲勋难以正常行走，爬行到柳林小山庄贫苦农民郑老四家。回忆这次负伤的情景，习仲勋说："头比碌碡还大。那时多亏年轻，要不就没命了。"（《陕甘边革命根据地》，中共党史出版社，第589页；《习仲勋传》上卷，中央文献出版社2008年版，第136页。）

这座雄伟的山峰就是照金根据地的重要依托点薛家寨。习仲勋和战友一起，在这座山峰的山洞中，建立红军医院、兵工厂和被服厂。

红军洞

薛家寨山上的岩洞，是习仲勋和战友们战斗和居住的地方。

刘志丹和指挥员王世泰在群众掩护下，曾在渭南这一村庄住了数日，后化装回到照金根据地。

"左"倾路线断送了红二团

"左"倾路线在南方断送着红军和根据地，在北方也把组建不久的红二十六军二团引向了灭顶之灾。

1933年6月17日，陕甘边特委、红二十六军、游击队总指挥部在照金以北的北梁召开联席会议，会上，以杜衡为代表的"左"倾主义者提出红二十六军南下创建渭华根据地。

南下的意见遭到了刘志丹为代表的多数人的反对。习仲勋养伤没有参加会议，他让陕甘边特委书记金理科把他坚持在照金开展斗争的意见带到了会上。杜衡硬性通过了红二十六军南下渭华的错误决策。刘志丹被杜衡诬称为"一贯右倾"，无奈服从了这一决定。

红二十六军二团在蓝田县张家坪陷入重围，全军覆没。主张南下创建渭华根据地的杜衡又以回省委汇报为名离开队伍，在西安被捕后叛变。

刚组建不久的红二十六军就这样被杜衡的"左"倾错误断送了。

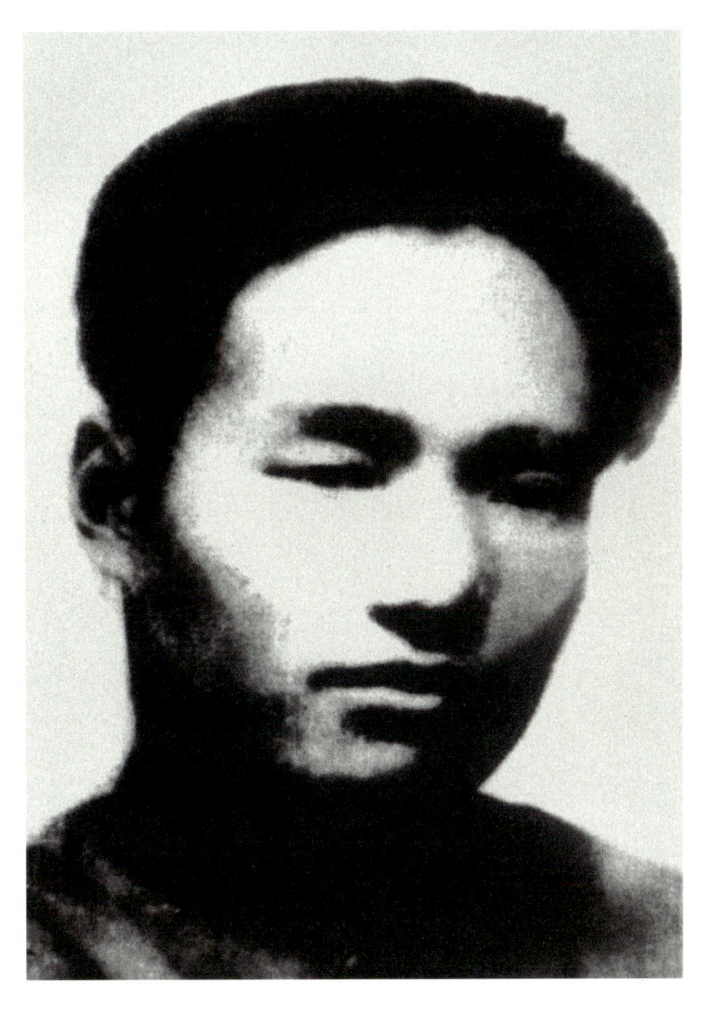

红二十六军二团南下失败后，王泰吉率部起义。苦撑危局的习仲勋说："革命的烽烟又现出耀眼的火花。"图为王泰吉。

革命的烽烟又现出耀眼的火花

红二十六军南下全军覆没，失去了军事依托的照金根据地陷入了空前的危机。

当时，照金根据地只有约40人，30条枪，备感无助。枪伤未愈的习仲勋苦撑危局，全力保护照金这块红色根据地。

在这个节骨眼上，王泰吉率骑兵团发动了耀县起义，成立西北民众抗日义勇军。作战受挫后，转移到照金根据地。习仲勋立即前往迎接。习仲勋激动地说："泰吉同志，欢迎你！党和同志们都欢迎你和抗日义勇军。""在目前这样的形势下，你率部起义，难能可贵，意义很大。"习仲勋后来回忆说，"犹如石破天惊，使革命的烽烟又现出了耀眼的火花。"（《习仲勋革命生涯》，中共党史出版社、中国文史出版社2002年版，第11页。）

王泰吉率部进入照金根据地，以坚实的步伐走完了他生命的最后8个月历程。习仲勋长期怀念这位忠贞的革命战友。1984年，在王泰吉英勇就义50周年之际，习仲勋写下了《深切回忆王泰吉同志》的纪念文章，文中引用了王泰吉临刑前的《绝命诗》和《绝命词》。

这下好了！……回到正确路线上来了

红二十六军二团覆没，杜衡叛变，渭北根据地再次陷落，陕西地区的革命陷入低谷，失败的情绪笼罩着照金根据地。有人主张"埋枪"，分散打游击；有人主张统一指挥，扩大根据地。面对重重危机，陕甘边地方党组织在习仲勋等人的带领下，迈出了关键的一步。这一步，是陕甘边共产党人在无上级指导的情况下，自己迈出的第一步。

面对国民党对照金的"围剿"，1933年8月14日，陕甘边特委与陕甘边游击队总指挥部在陈家坡举行联席会议，讨论危局下的出路。习仲勋和秦武山担任会议执行主席。（《习仲勋传》上卷，中央文献出版社2008年版，第154页。）

陕甘边革命史上著名的陈家坡会议就是在这里举行的。会议决定恢复红二十六军，成立陕甘边红军临时指挥部，统一指挥陕甘边的红色力量。图为陈家坡会议旧址。

会议整整开了一个晚上，最终决定成立陕甘边红军临时挥挥部，统一指挥，不打大仗打小仗，积小胜为大胜，集中主力打击敌人，广泛开展游击战争，深入开展群众工作，巩固和扩大根据地。

10月4日，随红二十六军二团南下的刘志丹、王世泰化装成货郎返回照金，听了习仲勋的汇报，说："这下好了！陈家坡会议总算清算了错误路线，回到正确路线上来了……让我们重新干起来，前途是光明的。"（习仲勋：《群众领袖，民族英雄》，《人民日报》1979年10月14日。）

历史证明，陈家坡会议是一次恢复与扩大红二十六军的关键性会议，陕甘边共产党人在困境中学会了自己走路，走自己的路。

薛家寨对面的山峰是龙家寨。

照金失守

　　1933年10月是中国革命史上最苦涩的一段日子，中国版图上红色的区域越来越小。南方，中央苏区遭受到国民党军队的第五次"围剿"，重点是红都瑞金；北方，杨虎城4个团及民团6000多人携重武器，向照金发动了新的攻势，重点是薛家寨。

　　10月13日，敌人包围了薛家寨，发起了进攻。当时，红军主力远在甘肃，防守薛家寨的只有少数游击队员和被服厂、修械厂、医院的伤员和后勤人员。通往薛家寨只有一条小路，敌人几次想登山都被打退。战斗进行了两天，敌人见无法突破，停止了攻击。

　　薛家寨陡峭的山壁上有一道200多米长的石缝，长满了小柏树，从对面敌人阵地龙家寨看过来十分清楚。叛徒陈克敏带领的土匪就曾驻扎过龙家寨。15日夜，在陈克敏的带领下，敌人从石缝间攀树登上了寨子。第二天，薛家寨被攻陷，照金根据地失守。

　　照金根据地是陕甘边共产党人建立山区根据地的一次尝试。一年后，这里又成为南梁根据地南区的主要区域。

薛家寨山壁上 200 多米长的石缝，敌人就从这条石缝攀上寨子。

陕甘边区革命根据地组织序列

陕甘边区革命委员会组织序列
（1933年4月——1933年10月）

主　席：周冬至
副主席：习仲勋

- 土地委员 王满堂
- 肃反委员 王万亮
- 粮食委员 姬守祥
- 经济委员 杨在泉

中共陕甘边区特别委员会组织序列
1933年3月——1933年10月

书　记：金理科　秦武山
委　员：金理科　秦武山　习仲勋
　　　　师克寿　张秀山　李妙斋
军委书记：习仲勋

陕甘边区游击队总指挥部组织序列
（1933年3月——1933年10月）

- 总指挥 李妙斋 黄子文（后一）吴岱峰（后二）李妙斋（后三）
- 政委 习仲勋 张秀山（后）
- 参谋长 史进才

1934年11月1日至7日，陕甘边区第一次工农兵代表大会在甘肃华池县南梁荔园堡老爷庙大殿召开，习仲勋当选为陕甘边区苏维埃政府主席，刘志丹当选军委主席。此后，老爷庙成为陕甘边区苏维埃政府所在地。

娃娃主席

1934年10月，在蒋介石要求部下蚕食苏区的"围剿"下，中共中央被迫撤出了瑞金，中央红军转战于被称为"长征"的路上。他们不知道，此时，在甘肃省华池县的荔园堡，一个新的红色政权在欢庆声中诞生了。

1934年11月1日，陕甘边区工农兵代表大会在华池县荔园堡召开，会期7天。会议审议通过了习仲勋等人起草的政治、军事、土地、财政、粮食等决议案。最后一天选举苏维埃领导成员，习仲勋当选为陕甘边区苏维埃政府主席。这年，习仲勋21岁，群众称他是"娃娃主席"。

选举采用的是无记名投票的方式。刘志丹以普通代表的身份参加了选举。他的旁边，坐着阎洼子村代表武海潮。武海潮不识字，请刘志丹为他写选票。刘志丹说："先写你最满意的同志吧！搞政权建设和地方工作，我比不上仲勋同志。"（张锋：《南梁政府的创建及几个问题的调查》，《理论学习》1985年第1期。）

中央红军长征到达陕北后，毛泽东从几处村落和树上张贴的布告上看到了苏维埃政府主席习仲勋的名字。后来在瓦窑堡见到从"左字号监狱"里释放出来的习仲勋，惊讶地说了句："这么年轻，娃娃嘛！"

1934年11月7日，陕甘边区苏维埃政府成立后，南梁地区5000军民在清音阁戏台前广场举行集会，庆祝"南梁政府"成立，习仲勋和刘志丹一起检阅了部队。图为作为检阅台的荔园堡老爷庙戏台原址。

陕甘边区革命委员会创办的《红色西北》报。

中共陕甘边区特委创办的刊物《布尔什维克的生活》。

陕甘边区苏维埃政府旧址，匾额为习仲勋题写。

陕甘边区革命委员会组织序列

主　席：习仲勋
副主席：白天章　贾生秀

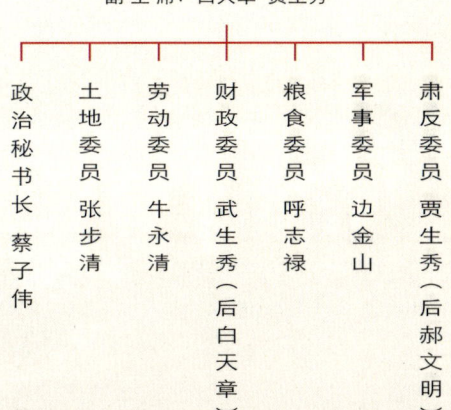

- 政治秘书长　蔡子伟
- 土地委员　张步清
- 劳动委员　牛永清
- 财政委员　武生秀（后白天章）
- 粮食委员　呼志禄
- 军事委员　边金山
- 肃反委员　贾生秀（后郝文明）

陕甘边区苏维埃政府组织序列

主　席：习仲勋
副主席：贾生秀　牛永清
政治秘书长：蔡子伟（后张永华）

- 土地委员会委员长　李生华
- 劳动委员会委员长　张钦贤
- 财政委员会委员长　杨玉亭
- 粮食委员会委员长　呼志禄（后马锡五）
- 文化委员会委员长　蔡子伟（后冯锡玉）
- 工农监察委员会委员长　惠子俊
- 肃反委员会委员长　郝文明
- 妇女委员会委员长　高敏珍（后张景文）
- 保卫大队队长　郭锡山
- 《红色西北》报负责人　蔡子伟

陕甘边区苏维埃政府下辖组织

- 南区革命委员会
  - 赤淳县苏维埃政府
  - 富西县革命委员会
  - 富甘县革命委员会
  - 中宜县革命委员会
  - 新正县革命委员会
  - 正旬彬革命委员会
  - 宁县革命委员会
- 东区革命委员会
  - 宁县荏掌革命委员会
  - 红泉县革命委员会
  - 赤川县革命委员会
- 定边县革命委员会
- 西靖边县苏维埃政府
- 安塞县苏维埃政府
- 赤安县革命委员会
- 肤甘县革命委员会
- 华池县苏维埃政府
- 庆北县苏维埃政府
- 合水县苏维埃政府

千万不能叫群众受牵连

　　陕甘边根据地是以南梁为中心建立的,群众习惯称"南梁政府"。因为政府机关经常要转移,习仲勋让人准备了两头毛驴和两个马褡子,转移的时候,把政府的全部家当装进马褡子只需10分钟,放在两个毛驴背上就能走。

　　习仲勋说:"在南梁打游击,我们要走就能走,要打就能打;走的时候,碎纸片和其他不是老百姓用的东西,都要收拾干净。落下来东西被敌人发现,房东就要遭罪,我们千万不能叫群众受牵连。"(《怀念习仲勋》,中共党史出版社、中国文史出版社2005年版,第123页。)

　　他质朴的语言流露着真情,温暖着人心。

从"落脚点"到"开放圈"
From the Starting Point to the Opening Zone

习仲勋住过的窑洞。

陕甘边区苏维埃政府成立后不久，政府机关从荔园堡迁至位于深山密林中的寨子湾，与军事委员会隔沟相望，有小径相通。

陕甘边区苏维埃政府、陕甘边区革命委员会印章。

咱们吃的家常饭，咱们交往可要像一家人

　　陕甘边区苏维埃政权成立后，即恢复了从清朝同治年间中止了的荔园堡集市。这个集市不仅能帮助老百姓调剂余缺，更重要的是还能活跃边区经济，保证边区物资供应。

　　为此，陕甘边区苏维埃政府实行了优惠政策。时任文化委员长的蔡子伟回忆说："我们通过各种关系和白区（国民党统治区）商人建立贸易关系，以物换物。我们把羊子等廉价卖给他们，他们赚了钱很高兴，便愿意跟我们做买卖。我们就叫他们搞布匹，或者弄些其他急需的物品，偷偷给我们送来，这样久而久之，有一些商人受到了革命思想的影响，表现进步了，有时甚至冒着杀头的危险为我们送货。国民党反动派气急败坏地骂这些人是通共。"（《陕甘边革命根据地》，中共党史出版社1997年版，第628页。）

　　苏维埃政府主席习仲勋还进行"招商"。有一次习仲勋要请从白区庆阳来的几个大商人吃饭，谈与边区做生意的事，吃的就是刘志丹的夫人同桂荣做的羊肉饸饹。习仲勋说，咱们吃的家常饭，咱们交往可要像一家人。庆阳商人很感动："你们这样诚恳招待我们，我们一定要把通商的事办好，也要对得起刘夫人。"（《习仲勋革命生涯》，中共党史出版社、中国文史出版社2002年版，第44页。）

　　在习仲勋等人的努力下，约500名外地商人活跃于陕甘边界及南梁地区。

1934年，陕甘边革命委员会发行的布钞"油布票"。

边区的"货币战"

荔园堡集市恢复后，边区政府发行了自己的货币。票币是用白洋布做的，上面盖着边区政府财政委员会的印章，再刷上一层桐油。印鉴呈蓝色，票面有一元、五角、二角和一角。

人们把这种显得粗糙的货币称为"油布票"。但在边区，这种"油布票"却备受信任。

有一段时间，红火的荔园堡集市忽然陷入了低潮。"来的人倒不少，就是不见做生意的"。这是怎么了？原因很快搞清楚了，"原来，群众吃够了国民党钞票的苦头，今天到手的票子明天就不顶用了。那时候，边区政府还没有自己的货币，银元和实物又不便携带，这就给经济流通带来了困难。"边区"油布票"就这样诞生了。边区苏维埃政府"在集市上设立四个货币兑换办事处，客商可以直接用布币兑换银元。时间长了，携带方便的布币终究使用开了，集市贸易也逐渐活跃了起来"。（《南梁曙光》，甘肃人民出版社1983年版，第143-144页。）

这是一场"油布票"对"银元"的战争。有人说，其意义不亚于反"围剿"的战斗。

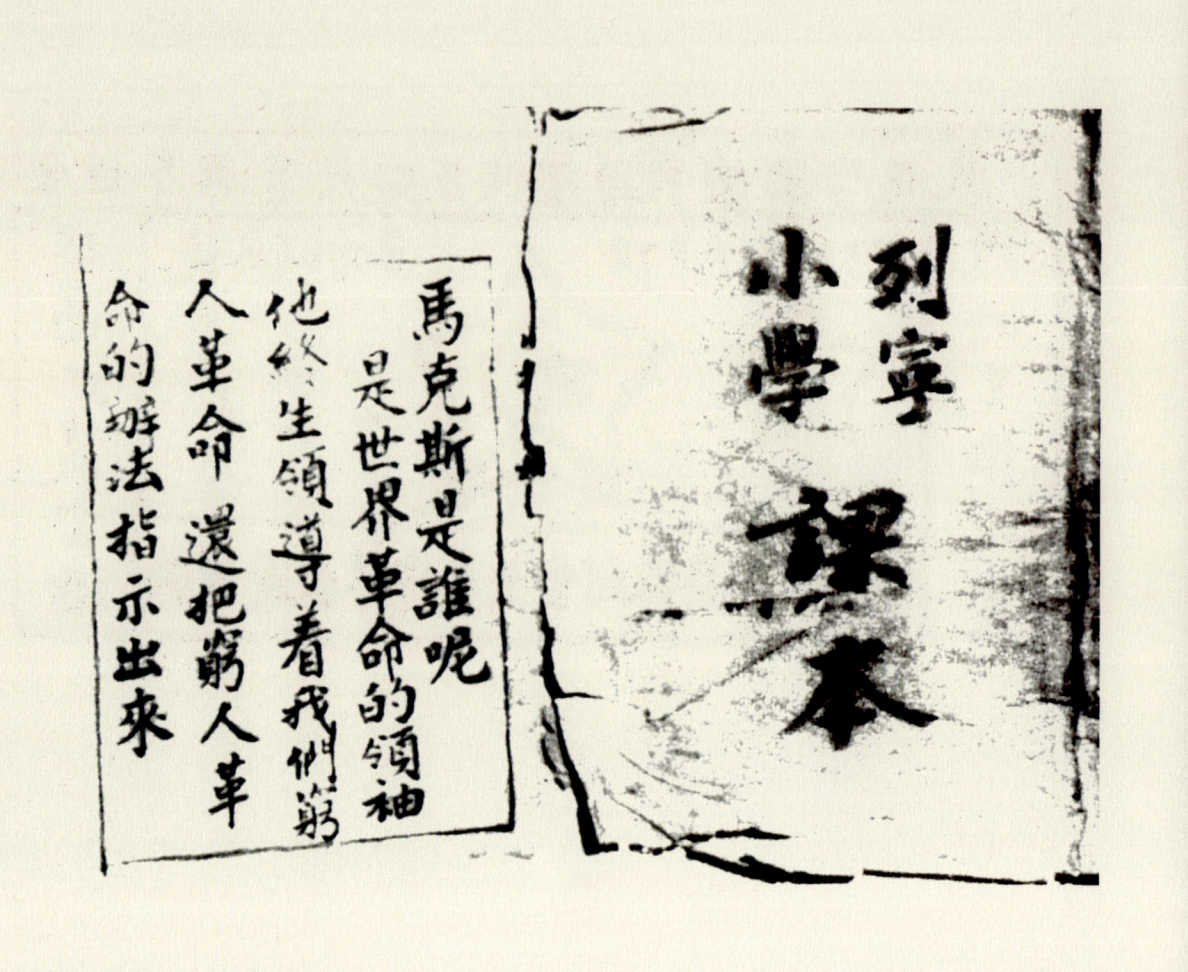

列宁小学使用的课本。

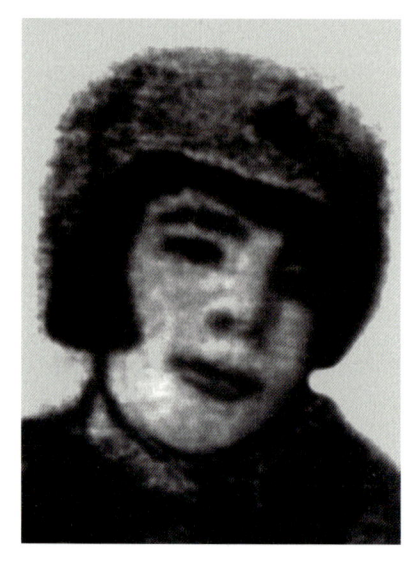

列宁小学教师张景文。曾任陕甘边区苏维埃政府妇女委员会委员长。1935年,在"肃反"中被捕,遭迫害致死。

1934 年，苏维埃政府在南梁转咀子创办了列宁小学，吸引了许多农家子弟就读。

第一所列宁小学

1934 年南梁苏维埃政府成立后，为了对儿童和青年实行新教育，南梁政府在荔园堡转咀子创办了陇东第一所学校——列宁小学。开学时，习仲勋出席了开学典礼并讲话。

列宁小学缺少教师，习仲勋便安排在南梁政府担任妇女委员长的张景文，到列宁小学任教。张景文有一个绝活，能用左右手同时挥毫，同时起笔写两行字。1935 年，张景文在"肃反"中被捕，遭迫害致死。

列宁小学一直延续至今，扩充为列宁学校。2000 年，习仲勋、齐心夫妇捐款在列宁学校修建了"景文楼"。

修复后的南梁荔园堡寨门。

我们定了法，贪污 10 块大洋就要枪毙

"我们建立政权后，把廉政当做头等大事。"习仲勋，这位当时的"娃娃主席"回忆说，"我们定了法，贪污 10 块大洋就要枪毙。"

陕甘边区苏维埃政府成立后，制定了《暂行条令十八条》，规定："临阵脱逃者处以死刑，破坏枪支者处以死刑，强奸妇女者处以死刑，一切缴获要归公。"针对群众最痛恨的反动政权的无官不贪，又加了一条特别规定："贪污公款 10 元以上者处以死刑"。

陕甘边区苏维埃政府实行供给制。"依靠打土豪和种公田解决干部、红军供养。军队每人每天供给小米一斤半，每 20 人一小碗盐，衣服、鞋袜都是自备"。当时畜力缺乏，机关工作人员吃的小米都是自己推着碾子碾米。从领导干部到一般工作人员，从干部到战士，经济待遇一律平等，按每个人最低需要量统一配发。所有费用都由政府财政委员会筹措，统一安排。

习仲勋说："有了这条法令，在干部中确实没有发生过贪污事件。"

这是阎家洼子会议旧址。陕北"肃反"在这次会议上埋下了伏笔。

"肃反"在这次会议上埋下了伏笔

1934年7月下旬，南梁阎家洼子会议召开后，红二十六军第四十二师第三团由谢子长率领赴陕北作战，配合陕北游击区的根据地建设。一同带走的还有100多支枪和数万银元。

时任陕甘边区革命委员会主席的习仲勋参加了这次会议。这次会议上，宣读了上海中央局和北方代表给红二十六军的两封指示信，指责红二十六军领导人犯了"右倾机会主义"、"逃跑主义"、"梢山主义"、"枪杆子万能"等错误，有"浓厚的土匪色彩"。

阎家洼子会议打通了陕甘边与陕北两地党组织和红军的联系通道，是两块根据地最终连成一片的历史起点。但也为后来危及陕甘边根据地和红二十六军的"肃反"埋下了伏笔。

习仲勋就在此办公居住。

进驻下寺湾

1935年4月，红军主力赴陕北作战后，国民党马鸿宾部进攻南梁，习仲勋率陕甘边区苏维埃政府机关和保卫大队、赤卫军开始转移。

途中遭到马鸿宾骑兵包围。

突围战斗打得异常惨烈。随政府机关一起转移的赤卫军战士全部牺牲，政府保卫大队第三中队长王殿斌率部苦战，成功掩护政府机关突围。冲出重围后，习仲勋发现，自己脚上被马镫磨出两个洞，鲜血直流。

1935年5月，陕甘边党政机关几易办公地点后来到甘泉县下寺湾，下寺湾便成了陕甘边区苏维埃政府的驻地，直至党中央和中央红军长征到达陕北。

1935年5月，习仲勋率陕甘边区党政机关移驻陕西省甘泉县下寺湾镇义子沟村。图为陕甘边苏维埃政府临时驻地旧址——义子沟。

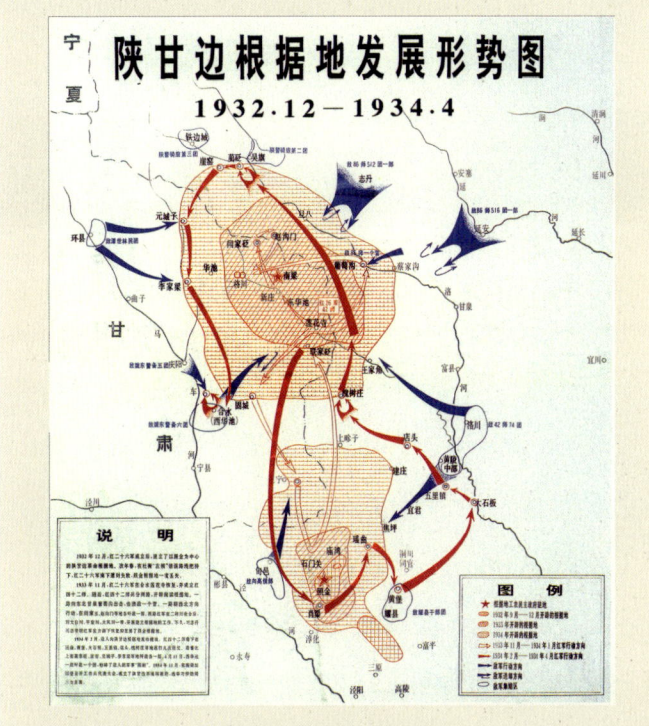

陕甘边革命根据地分布图。

1935年11月天津《大公报》刊登的陕北军事形势新闻。

陕北是两点，一个落脚点，一个出发点

陕甘边和陕北两块根据地实现军事上的统一，是在1935年2月5日召开的周家崄会议上。这次会议成立了中共西北工作委员会和西北军事委员会。西北军事委员会统一指挥两个根据地的红军和游击队。刘志丹率领两块根据地的红色力量，相继攻克了延长、延川、安塞、安定、靖边、保安6座县城，使两块根据地连成一片，控制了北至长城，南到淳耀，西到环江，东到黄河，南北1000多公里，东西500多公里，包括30个县在内的广大区域。

毛泽东在哈达铺，从报纸上发现的正是这块根据地的"情报"。

1935年9月18日，红军陕甘支队攻占了甘肃岷县以南的哈达铺，在当地搞到了一些前两个月的旧报纸。其中有一张天津《大公报》上面登载着阎锡山的讲话："全陕北二十三县无一县不赤化，完全赤化者八县，半赤化者十余县。现在共党力量已有不用武力即能扩大区域的态势。"阎锡山为党中央当了一回"情报员"，报纸上还有刘志丹的红二十六军控制了大块陕北苏区根据地，徐海东的红二十五军已北出终南山口，威逼西安的消息。看到这送上门的情报，已经做了最坏打算的毛泽东心情舒缓多了，决定"到陕北去，那里有刘志丹的红军。"先后七易落脚点的中央红军终于有了一个明确的方向。

9月27日，中央政治局在榜罗镇召开会议，确定了保卫与扩大陕北革命根据地，以陕北苏区来领导全国革命的方针。

毛泽东说："有人说，陕北这地方不好，地瘠民贫。但是我说，没有陕北那就不得下地。我说陕北是两点，一个落脚点，一个出发点。"

XIZHONGXUN 03
从"落脚点"到"开放圈"
From the Starting Point to the Opening Zone

叁

党的利益在第一位
Put the interest of CCP in the first place

"党的利益在第一位"
毛泽东为习仲勋的这幅题词
是对习仲勋坚强党性的高度概括
也是习仲勋革命生涯的真实写照
习仲勋以他的实际工作践行了
"党的利益在第一位"
……

把我杀了我也不能走

刚刚从"左"倾阴影中走出来的中共中央和中央红军,1935年10月19日到达陕北吴起镇后,才知道这个全国仅存的红色根据地,正重复着与他们同样的痛苦。

这场"肃反"始于1935年10月1日。习仲勋回忆说,在陕北"出现了这样一种怪现象,红军在前方打仗,抵抗蒋介石的进攻,不断取得胜利。'左'倾机会主义路线执行者却在后方先夺权,后抓人……" 红二十六军营以上、陕甘边区县以上的主要干部,几乎"无一幸免"。一些县区发生"反水"现象,根据地面积在缩小。

习仲勋以"党棍"的罪名被捕,这是他第二次入狱。最初他被关在甘泉县王坪村,后移至设在瓦窑堡"汇川通"当铺的保卫局监狱里。"天气很冷,不给我们被子盖,晚上睡觉缚绑着手脚,绳子上都长满虱子;一天只放两次风,有人拿着鞭子、大刀,看谁不顺眼就用鞭子抽,用刀背砍。"时任陕甘晋苏维埃政府粮食部副部长兼调查统计科和运输科长的刘培植于心不忍,偷偷给习仲勋送了一条毡绒毯子,险遭不测之祸。

被捕前,刘景范曾劝习仲勋出去躲一躲,习仲勋说:"不能走。把我杀了,我也不能走,这些同志都是以我的名义叫回来的,我怎么能走呢?"在关押期间,有人暗示可以帮他逃跑,他只回答了四个字:"为党尽忠。"

甘泉县石门乡王坪村。习仲勋在"肃反"中最初就被扣押在这个村子,诬陷他的罪状一是骂群众是土匪;二是不搞土地革命,只分川地,不分山地;三是给富农通风报信。习仲勋从这个村子被押往瓦窑堡监狱。押解途中,给他头上套了只露两只眼睛的黑帽子,肩上还让扛了两杆长枪。

原瓦窑堡"汇川通"当铺旧址。"肃反"开始后,这里成了保卫局的监狱,刘志丹、习仲勋等人被捕后,就关押在这里。现在这里成了子长县盐务局的办公地。

从"落脚点"到"开放圈"
From the Starting Point to the Opening Zone

雅巷原叫鸦巷，位于瓦窑堡西门外，是龙虎山下的一个沟渠，是当时人们送死婴或埋葬无主尸体的地方。乌鸦闻到尸腐味在空中盘旋鸣叫，人们便把此地称鸦巷。"肃反"中这里曾埋了不少冤魂。刘志丹、习仲勋等人被捕后，肃反分子也在这里给他们挖好了活埋坑。习仲勋说，毛主席晚到4天，就没有刘志丹和我们了……

毛主席不到陕北，根据地就完了

1935年10月，毛泽东获知陕北"肃反"的严重危机后，即派人前往瓦窑堡，传达"刀下留人，停止捕人，一切听候中央来处理"的命令。毛泽东说，杀头不像割韭菜那样，韭菜割了还可以长起来，人头落地就长不拢了，如果我们杀错了人，杀了革命的同志，那就是犯罪行为，大家要切记这一点，要慎重处理。

习仲勋后来用"满天的乌云风吹散，毛主席来了晴了天"来形容当时的心情。习仲勋回忆说："毛主席不到陕北，根据地就完了；毛主席晚到4天，就没有刘志丹和我们了……他们已经给刘志丹和我们挖好了活埋坑。"（《习仲勋革命生涯》，中共党史出版社、中国文史出版社2002年版，第31页。）

长征到达陕北不久的毛泽东。

1935年12月27日，毛泽东在中央党校召开的党的活动分子会上作《论反对日本帝国主义的策略》的报告，习仲勋聆听了毛泽东的报告。

这里是瓦窑堡中共中央党校原址，现为子长县中心小学。

毛泽东第一次见到习仲勋："这么年轻，娃娃嘛！"

1935年10月，中央红军长征到达陕北后，毛泽东从沿途几处村落墙壁和树干上张贴的布告上看到"苏维埃政府主席习仲勋"的名字。此时的习仲勋正被关押在陕甘边区保卫局设在瓦窑堡汇川通当铺的"左字号监狱"里。习仲勋获释后，被派往中央党校学习，担任训练班第三班班主任。在这里，他第一次见到了毛泽东、周恩来。毛泽东见到22岁的习仲勋后惊讶地说："这么年轻，娃娃嘛！"

12月27日，也就是著名的"瓦窑堡会议"结束的第二天，中共中央在中央党校召开了党的活动分子会议，习仲勋参加了这次会议，聆听了毛泽东《论反对日本帝国主义的策略》的报告。习仲勋对这次会议留下了深刻记忆。他说："我凝神谛听毛主席的报告，觉得他讲的完全合乎实际，路线完全正确。我感到迷雾顿散，信心倍增。这是我第一次听到毛主席的讲话，心里高兴极了"。（习仲勋：《红日照亮了陕甘高原》，《人民日报》1978年12月20日。）

1980年，习仲勋与李维汉在广州。

环县第一任县委书记

习仲勋获释后，随红军西征来到环县。曲环解放后，他担任了环县第一任县委书记。

在环县工作的2个多月里，习仲勋开辟了以环县为核心的根据地。

李维汉回忆："由于'左'倾路线没有清算，陕甘边苏区的地方干部和军队干部仍然戴着'右倾'机会主义的帽子，所以对他们工作的分配，特别是对一些高级干部的工作分配，一般是不公正的。当时，中央决定对释放的干部的工作分配方法是：地方干部由陕北省委负责，军队干部由军委负责。我对陕甘边干部一个也不认识，但我出席了省委会议，所以对地方干部不大合理的分配，也负有一定的责任。"（李维汉：《回忆与研究》（上），中共党史资料出版社1986年版，第373页。）

甘肃环县曲子镇解放后成立了曲环工委,习仲勋先担任曲环工委书记,后改任环县县委书记。图为曲环工委原址。

環縣誌

1985年2月13日,环县修撰《环县志》,有关工作人员到北京向习仲勋汇报。时任中央政治局委员、中央书记处书记的习仲勋不仅在繁忙的工作中认真接待了有关人员,还欣然题写了"环县志"三个大字。

1936年9月15日，中央政治局会议在保安（今志丹县）红砂岩窑洞里召开。习仲勋以环县县委书记的身份列席了这次会议。这是习仲勋平生第一次参加中央会议。

我受到了一次深刻的路线教育

1936年9月15日，担任环县县委书记的习仲勋列席了在保安召开的中央政治局会议。

这是习仲勋平生第一次参加中央政治局会议，他是少数列席这次中央政治局会议的地方干部之一。会上，习仲勋见到了叶剑英、林伯渠等众多的中央领导人。毛泽东亲切地叫着他的名字，和他握手。

"参加这次会议，我受到了一次深刻的路线教育，进一步懂得了：任何革命理论、原则的实行，都必须同当时当地的实际情况相结合。教条主义之所以错误，就因为它不问实际情况，完全从本本出发，生搬硬套；政治路线错了，组织路线也必然是错的，政治上搞'左'倾机会主义，必然在组织上搞宗派主义。"（习仲勋：《红日照亮了陕甘高原》，《人民日报》1978年12月20日。）

1937年10月，关中特区改称关中分区，在分区党的第一次代表大会上，习仲勋当选为分委书记。图为习仲勋（右三）与关中分区领导干部合影。

把守陕甘宁边区"南大门"

中央政治局会议结束后不久，习仲勋接到了赴关中特区担任特委书记的任命，把守边区的"南大门"。习仲勋曾说他一生中两次把守"南大门"，这便是其中的一次。

关中特区位于陕甘宁边区的最南端，东西约100公里，南北约75公里，总面积7000多平方公里，人口10万。从延安出发到关中，要经过中部（现黄陵县）、店头一带很长的一段狭长地带，边区军民形象地称之为"葫芦把"，把关中分区戏称为"宝葫芦"。

从1936年到1942年，习仲勋在关中特区工作了7个年头。在这7年里，他领导"关中的党政军民，坚持保卫边区和建设新关中，曾获得显著成绩"。李维汉说："在我经过的陕甘苏区，关中是最好的一块苏区。"

1943年1月14日，在中共中央西北局高级干部会议上，习仲勋等22人受到了表彰奖励。奖状是一幅一尺长、五寸宽的漂白布，毛泽东在上面题了词。给习仲勋的题词是："党的利益在第一位"，上款写着"赠给习仲勋同志"，落款"毛泽东"。习仲勋把这幅题词长期带在身边，作为他"改造世界观"的一面镜子。

1939年9月，关中分区第二次党代会召开，习仲勋再次当选为分区党委书记。图为关中分区第二次党代会全体代表合影。

收复关中苏区

1936年10月，习仲勋来到了旬邑县七界石，召开关中党的活动分子会议，着手扭转关中困局。

这次会议决定以县为单位整顿和扩大游击队，成立关中游击队指挥部，统一领导关中游击队；以集中打仗，分散活动；积极开展统一战线工作，争取进步和中间的民团、保甲，孤立和打击少数最反动的敌人，在敌人后方开辟新苏区。

会后，"我们一面恢复各种秘密组织，一面建立和发展各方面的统一战线关系。……对于每一个人、每一个派别、每一个社会团体、每一支武装队伍，都根据它们的不同的情况，在抗日救国的总方针下，同他们接洽、协商、谈判，以订立各种地方的、局部的、暂时和长期的、成文的或口头的协定，同他们当中的一些人、一些单位，建立起各种不同程度的统一战线关系。有个国民党的县

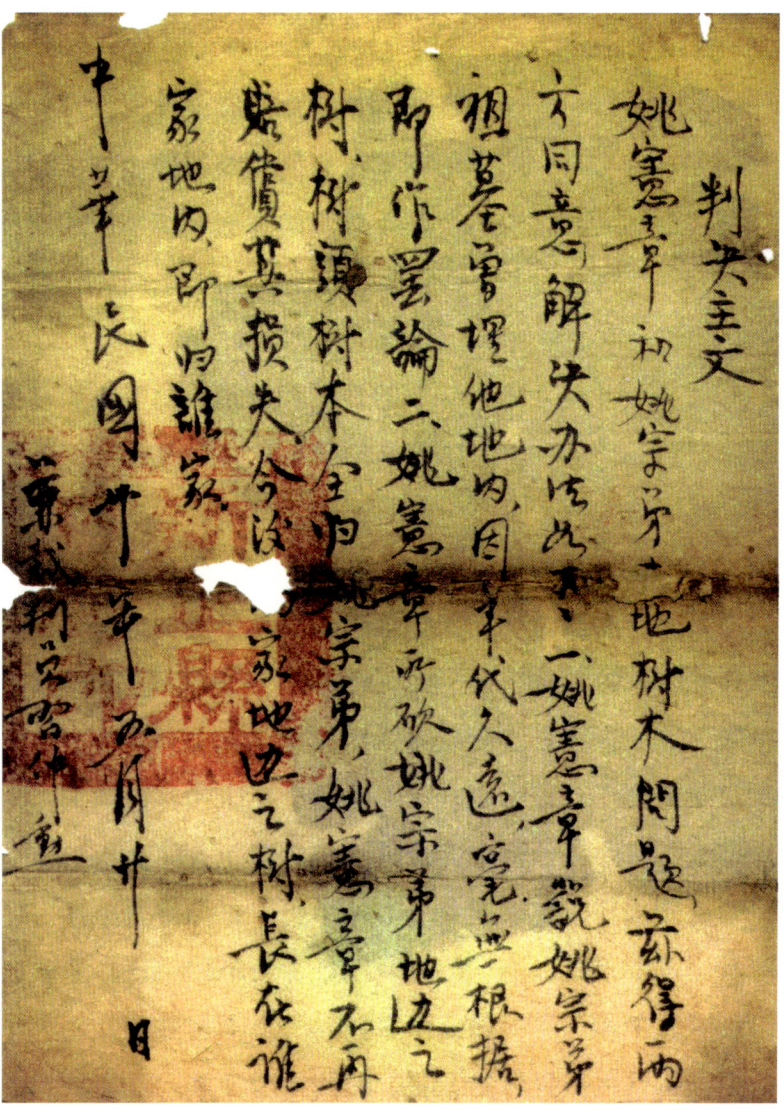

1937年，习仲勋兼任新正县抗日民主政府县长时，为两个农民因地界争端的官司所签发的判决书。

长同我们有老乡关系，我们也同他建立了联系。在四个县的保安团中，除了一股顽固的地主武装反对我们以外，其余的都和我们建立了统一战线关系，他们向我们提供了许多情报和枪支弹药。这样，到'双十二'西安事变时，关中根据地就全部恢复了，我们的游击队也壮大了。虽然国民党的政权仍存在，但我们的政权组织也秘密建立起来了，公开的名义叫'抗日救国会'。"习仲勋回忆说。（习仲勋：《红日照亮了陕甘高原》，《人民日报》1978年12月20日。）

恢复整个关中苏区的行动仅用了10天。不难想象，如果没有这块区域，1939年后遭到国民党封锁的陕甘宁边区将更加困难。

1937年至1940年，关中分委、关中分区、行政督察专员公署就设在马家堡这个院落里。

只要为了革命，为了抗日，"右"倾又算得了什么

1937年10月，关中特区改称为关中分区，特区委员会改为关中分区委员会，习仲勋任书记。关中分区的建设自此开始转型。

1937年底，关中分区各级苏维埃政府转变为抗日民主政府后，即着手建立"三三制"的新民主主义的抗日政权。让一些非党人士进入抗日民主政权，许多人的思想都转不过弯来。当时，一位叫蒋德宽的地主有抗日热情，有些同志觉得靠不住，不愿意团结他。习仲勋说："事情是发展的，人的思想也是变化的。我们要具体人具体分析，不同事不同对待。蒋德宽虽然是地主，但他支持儿子当红军，又在物资上积极帮助我们抗日，像这样的地主就应该团结和争取他们。"习仲勋在工作中注意消除党内外一些人对政策的疑虑，使关中分区的政权建设成功地实现了转型。

习仲勋非常重视关中分区的经济建设。他在推行减租减息的基础上，广泛开展大生产运动，通过劳动互助，提高生产效率，培育形成了以农业为主的公、私营和合作社三种经济成分共同发展的新民主主义经济。

习仲勋还注意发挥知识分子在关中分区政治、经济、文化建设中的作用，大胆提拔使用了一批知识分子青年干部。有人担心这是右倾，习仲勋说，怕什么，只要为了革命，为了抗日，"右"倾又算得了什么！

1937年4月，关中特区苏维埃政府机关移驻马家堡村（今旬邑县职田镇）。图为关中特区苏维埃政府机关旧址。

为了争取反磨擦斗争的主动，关中分区党政机关从马家堡迁到阳坡头。

1942年初，关中分区党政机关由阳坡头移驻马栏（今陕西省旬邑县马栏镇）。马栏时称"小关中"，面积虽不及"大关中"的八百里秦川，但其战略位置十分显要。马栏是陕甘宁边区运送战略物资的必经之路，也是许多热血青年奔赴延安的重要通道。抗战期间，国民党多次觊觎马栏，磨擦与反磨擦的斗争异常激烈。马栏成为关中分区的"首府"后，习仲勋自己动手挖了窑洞，当成自己的居室。

1942年大生产运动开展后，关中分区组织干部战士，动手修建了这幢房屋。房屋有40根外檐柱形成回廊，鸟瞰如"工"字，称为"工字房"。关中分区在这里举行了第一、第二届劳模表彰大会和军民大生产成果展览。"工字房"前的核桃树为习仲勋亲手所植。

这些窑洞是当年"二师"师生自己动手挖成的。习仲勋任"二师"首任校长。"二师"先后办学10年,七进七出马栏,辗转陕甘晋,搬迁十多次,是一所"铁流式"的学校,培养了大批革命人才。

习仲勋的"二师"情结

陕甘宁边区第二师范成立于1940年3月15日,简称"二师",时任关中分委书记的习仲勋兼任这所学校的首任校长。

"当时的战争和边区的经济、文化建设,最需要有一定文化和坚定革命意志、懂得党的政策和实际工作技能的人才,这所学校就成了培养这些人才的重要场所。"习仲勋说。

"二师"成长于关中分区的反磨擦环境中,不得不经常变换办学地点。习仲勋叮嘱"二师"的负责人说,学校要依靠群众,依靠地方党支部和乡政权,要和驻地群众保持密切联系,这是学校安全的重要保证。

1940年9月,"二师"召开师生员工民主生活大会,有人认为用这种办法办学是一种首创。习仲勋对此有着不同的看法——"这样的民主大会以后要特别慎重。在全校大会上学生面对面批评教师,这不见得妥当。"及时纠正了"二师"只强调民主,不讲集中的错误。

"二师"校印。

1990年5月,习仲勋在病中为陕甘宁边区第二师范题词。

  "二师"的办学条件艰苦,有时在旷野、林间甚至在行军途中坚持上课。一位叫张西民的学生想到其它学校上学,习仲勋就找张西民谈心。张西民一开始还纳闷:这么大的官找我一个学生干啥?没想到见面后,习仲勋和他拉家常,启发他说今天吃苦是为了明天幸福。张西民说:"以后他又叫了我七八次……最后一次他问我,你这个'小反动分子'转变过来了没有?我说,转过来了。他才满意地笑了。"

  "二师"内流淌着乐观。学校里流传着这样的顺口溜:"宇宙是学校,大地是课堂,借日月星光,读大块文章。"许多学生就在这种环境中增长了才干,80%以上的学生不等毕业就被抽到各个工作岗位上,这所被指责为"不像学校"的学校为地方的经济社会建设发挥了重要的作用。

绥德县纪念馆内，复原的习仲勋蜡像办公场景。

把守陕甘宁边区的"北大门"

1943 年春，党中央调习仲勋到绥德任地委书记，把守陕甘宁边区的"北大门"。毛泽东鼓励习仲勋说："一个人在一个地方呆久了，就没那么敏感了，到新的地方去也是锻炼嘛！"

绥德分区是边区的"北大门"，是国共合作后形成的新区，在所有分区中面积最大，人口最多，情况也较为复杂。

巧合的是，这次他接替的是他的老战友张秀山。张秀山患肺病要到延安治疗。10 年前的 1933 年，在照金根据地，习仲勋腰部受伤后，张秀山曾接替他任陕甘游击队政委。

绥德地委驻地在县城西门内雕阳山下的九贞观，在这里，习仲勋工作了 3 个年头。"凡路过绥德的同志都说，习仲勋同志是一位好的地委书记。"（《习仲勋传》上卷，中央文献出版社 2008 年版，第 371 页。）

1943年2月，习仲勋出任中共绥德地委书记兼绥德警备司令部政治委员。图为九贞观原陕甘宁边区绥德地委机关驻地九贞观原址。原来习仲勋的办公室，现为绥德县武装部机关餐厅。

习仲勋在绥德分区推广郝家桥的经验，村支部书记刘玉厚后被树为陕甘宁边区特等劳动英雄。图为1984年2月11日，习仲勋在北京接见刘玉厚。

农村楷模

郝家桥是一个小山村，因为村子前有一座碎石桥，村里人又多姓郝，就有了这个名字。郝家桥村主任叫刘玉厚，中共党员，40多岁。他带领全村人在有限土地上精耕细作，变工互助，合理安排生产，使这个佃户村粮食产量和农民生活水平都高于周边村，圆满完成了减租保佃、征收救国公粮等各项任务。人们给他的评价是"以身作则，积极奉公"，"和人家商量行事"，有民主精神。

习仲勋了解了郝家桥的情况后认为，郝家桥在理顺土地租佃关系，改造二流子，实行变工互助、精耕细作等方面有典型意义。经地委研究决定，授予刘玉厚模范党员、劳动英雄称号，给郝家桥奖励了一块刻有"农村楷模"的牌匾，并在绥德分区范围内推广郝家桥的经验。

在这一典型的带动下，绥德分区涌现了郝玉亮、王德彪等许多劳动英雄。

刘玉厚后来被树为边区特等劳动英雄，1949年出席了全国政协第一次会议。1995年秋，刘玉厚逝世，习仲勋写下了"刘玉厚同志是陕甘宁边区著名农业劳动英雄，优秀共产党员"的题词，纪念这位劳动英雄所做的贡献。

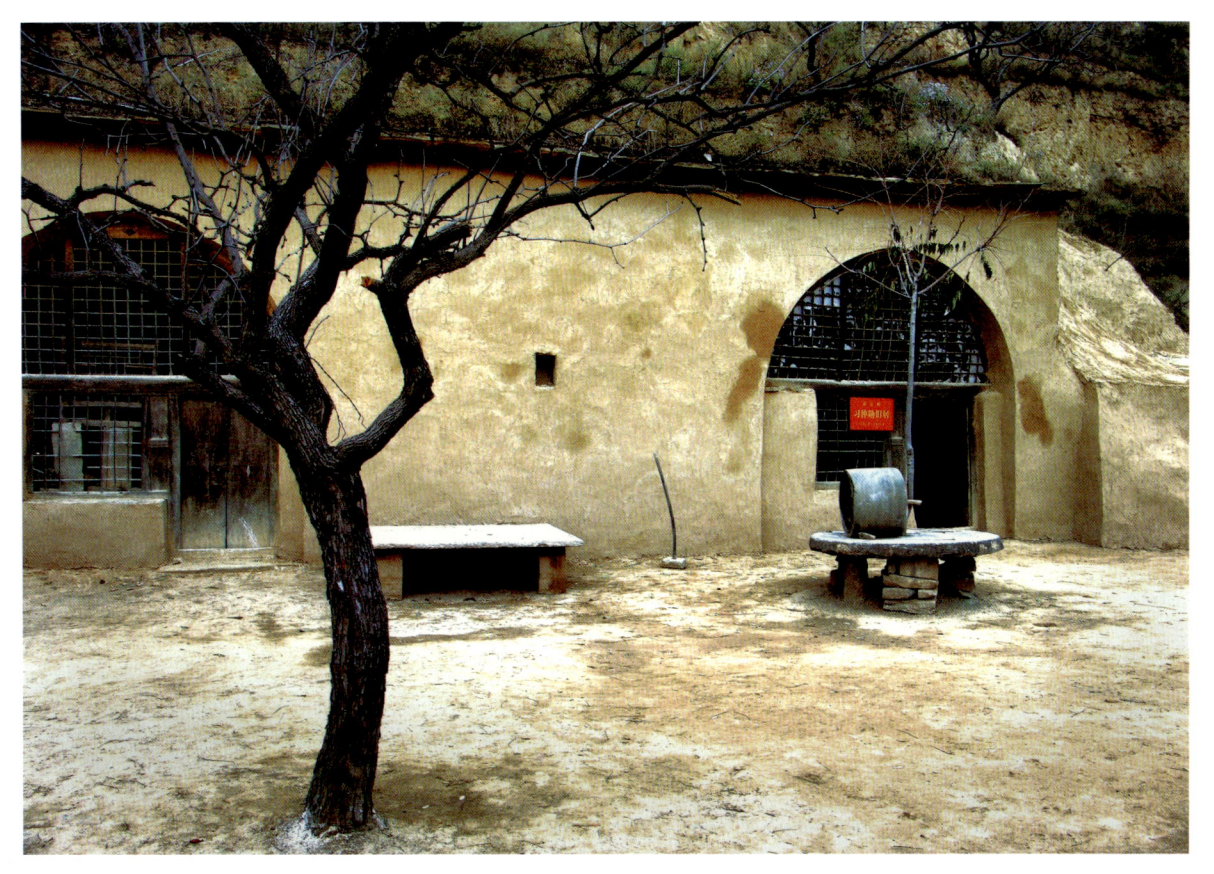

习仲勋在郝家桥"蹲点"期间住过的窑洞。

郝家桥是习仲勋在大生产运动中培养树立的一个典型。

2000年7月15日，习仲勋题词："陕甘宁边区绥德师范学校：革命英才的摇篮"。

错了就得给人家平反

延安整风运动中曾一度出现了"抢救失足者运动"的错误。

绥德"抢救运动"开始后，第一个"失足者"叫聂眉初，16岁那年，她随舅父来到延安，被安排在绥德分区工作。她的舅父叫钱维人。抢救运动开始前，康生在延安《共产党人》杂志上公开点了钱维人的名字，说他是国民党特务，潜入延安，企图炸毁延安机场。陕甘宁边区保卫处逮捕了钱维人。聂眉初受到株连，在坦白会上承认自己是"特务"。

绥德分区成立的甄别小组负责聂眉初的案子。既然康生认定钱维人是特务，习仲勋便让甄别小组给康生写信求证。

康生接到信，自己不提供情况，反叫关在监狱中的钱维人给聂眉初写旁证。钱维人的旁证没有提到半点特务的事，只说了聂眉初如何要求进步，如何跟他一起到延安，后来在鲁艺读书的事。康生对这份旁证没加评论，批了"此材料仅供参考"几个字，转给了绥德地委。

当时，钱维人特务案已被宣布为铁案，一个"特务"提供的这份旁证该怎么参考呢？经过慎重研究，甄别小组提出为聂眉初平反。有个地委领导表示坚决反对，说："别人都可以平反，聂眉初不能平反。她是第一个上台坦白的！"

习仲勋支持了甄别小组。他说："问题不在于第一个第二个，问题在于有没有搞错，搞错了就得给人家平反！"

聂眉初和钱维人最后双双得到平反。解放后，钱维人担任了交通部人事司司长，聂眉初任《人民日报》群众工作部主任。（庄启东：《习仲勋在延安"抢救运动"中》，《世纪》1994年第3期。）

绥德合龙山接引寺党组织活动地旧址。

妙论"统一战线"

1944年，干学伟[①]从鲁艺调往绥德分区文工团工作，报到的第一天，就接受了"生动的一课"。

干学伟说，报到当天晚饭时，他和习仲勋、绥德分区副书记白治民、几位部长围着一张圆桌，一边吃饭，一边聊天。习仲勋忽然停止了咀嚼，问："你们说，为什么诸葛亮明知关羽重义气，会放掉曹操，还叫他去断华容道呢？"他环视了一圈，见没有人答得出，就自己给出了谜底。

"那是个统一战线问题！当时，如果杀了曹操，东吴就会把刘备吃掉。刘备当时刚取到荆州，没有多少兵将可用……"

对于刘备为什么最后会失败，他说："那是因为他搞宗派主义，只相信他的结拜弟兄，五虎上将除了马超、黄忠都是他的结拜弟兄……后来，也只培养了一个姜维。后继无人，使得最后'蜀中无大将'，廖化作先锋了。"

《三国演义》，干学伟看过不止一遍，这样解读《三国演义》，他还是第一次听说。他把这次饭桌上的谈话称为"生动的一课"。（《习仲勋革命生涯》，中共党史出版社、中国文史出版社2002年版，第436页。）

[①]干学伟，后来为中国著名电影导演、北京电影学院教授。

1945年4月23日至6月11日，中国共产党第七次全国代表大会在延安杨家岭召开，习仲勋当选候补中央委员，是七届中央委员会成员中最年轻的委员。

最年轻的中央委员会成员

1945年4月23日，中国共产党第七次全国代表大会在延安杨家岭开幕的时候，中国共产党已经拥有党员120万名，毛泽东充满豪情地发出了"为建设一个独立的、自由的、民主的、统一的、富强的新中国而奋斗"的口号。

6月9日至10日，大会选出了44名中央委员和33名候补中央委员，组成了建立新中国的领导核心。习仲勋当选候补中央委员，是七届中央委员会成员中最年轻的一位。

1945年8月，习仲勋被任命为中共中央组织部副部长。

1952年，习仲勋（右）与张宗逊（左）、贾拓夫（中）在一起。

关中告急，"南大门"告急

1945年7月21日，陕甘宁边区"南大门"相对的平静被大规模的进攻打破了，国民党军胡宗南部开始向爷台山地区发动进攻，占领了爷台山及边区宽100公里、纵深20多公里的地方，并企图继续北犯。

关中告急！"南大门"告急！

延安迅速掀起了揭露蒋介石挑起内战，破坏抗战的政治攻势，同时成立了爷台山反击战临时指挥部。中央军委任命张宗逊为司令员，特别选调长期在关中分区担任党政军领导、熟悉地方情况的习仲勋任政委，组织指挥反击战。

蒋介石觊觎陕甘宁关中分区近三年。1943年5月22日共产国际宣布解散后，蒋介石就制定了作战计划，"迅速收复囊形地带（指陕甘宁边区关中分区，因这块区域呈囊形而得名）"，必要时"收得陕北地区"。由于潜伏在胡宗南身边的机要秘书、中共地下党员熊向晖把这一情报传递给了党中央，中央及时揭露了这一阴谋，迫于国内外的政治压力，蒋介石只得急刹车。

而这次，美国"扶蒋抑共"的对华政策让蒋介石有了心理依靠，蒋介石反共的心病又发作了。

爷台山位于桥山山脉南端，海拔1313米，易守难攻。国民党军占领爷台山后，修筑了碉堡工事，守军有4个步兵连、一个重机枪连和一个重机枪排。

8月8日夜23时，反击战开始打响，八路军发起攻击，激战两昼夜，于10日收复了爷台山及关中分区全部失地。习仲勋在离开关中分区后，又一次守住了边区的"南大门"。

爷台山反击战作为"反磨擦"的一个经典战例被人们传颂。1974年，人民美术出版社出版了连环画《威震爷台山》，发行400万册，其内容没有提及习仲勋的名字。

1945年7月下旬，国民党胡宗南部进犯关中分区爷台山一带。中央军委任命张宗逊为司令员，选调习仲勋任政委，组织反击，激战两天收复了爷台山及全部失地。图为爷台山参战部队向前沿阵地集结。

爷台山战斗指挥部旧址。

1974年，人民美术出版社发行了连环画《威震爷台山》。此时，当年指挥爷台山反击战的习仲勋却被关押在北京卫戍区的监狱里。

XIZHONGXUN 04
从"落脚点"到"开放圈"
From the Starting Point to the Opening Zone

肆

他是从群众中走出来的群众领袖
He is the leader who comes from crowd

只有扎根群众才能得到群众的拥护

群众的力量才是最终改变历史的动力

保卫延安的"三战三捷"是一系列加数的和

是毛泽东的"蘑菇战术"

彭德怀的指挥艺术

习仲勋的群众工作有机结合的结晶

解放战争中

习仲勋在土改中纠正"左"的情绪的努力

使解放战争有了稳固的后方

中共中央西北局书记习仲勋和副书记马明方。

1945年10月,习仲勋任中共中央西北局负责人。图为习仲勋与乌兰夫(右起)、王维舟、马明方在西北局。

他是从群众中走出来的群众领袖

1945年秋,原中共中央西北局书记高岗奔赴东北,开辟东北根据地。谁来接替高岗成了毛泽东慎重考虑的问题。

毛泽东说:"要选择一位年轻的同志担任西北局书记——就是习仲勋,他是从群众中走出来的群众领袖。"

习仲勋长期在地方工作,他担心自己难以胜任。毛泽东说:"正是因为你长期在下面没有在上面,所以才调你到上面来工作。把你调动一下,放在新岗位上,你就得动脑筋了,就得调查研究,想办法把工作做好。"

1945年10月,习仲勋接受任命主持中共中央西北局工作,任中共中央西北局书记兼陕甘宁晋绥联防军代政治委员。这时,习仲勋刚过了32岁生日。

中共中央西北局延安花石砭旧址。

發刊詞

習仲勳

「黨內通訊」是黨內學習與教育的武器，每個同志都有權利來利用它，有些不大成熟的或者不便在公開黨報上發表的意見，只要你認為在黨內提出有必要，對黨的工作有好處，你就可以寫出來送到這刊物上發表。

今天全黨正處在保衛邊區的光榮戰爭面前，黨內學習與教育的目的首先就是為著保證這個戰爭的勝利，一切不適合於戰爭環境與要求的思想（如和平幻想）、作風（如疲踏現象）或組織形式（如龐大的機構）均應批評與改正，凡屬在保衛邊區戰爭中的英雄與模範人物均應得到及時的表揚，「黨內通訊」應當在這方面發揮應有的作用，為此，我在這裏特別提出兩點：

第一、要學習用毛澤東同志的思想方法，把邊區各地各方面的實際工作經驗加以適時的分析與總結，提倡打開腦筋，多調查，多研究，反對「得過且過」「過去便算了」的思想懶漢。

第二、要大大發揚自我批評和加強黨的紀律敎育，糾正自由主義，反對脫離羣衆及時的思想懶漢。

西北局習仲勳旧居。

1946年，习仲勋为西北局刊物《党内通讯》写的发刊词。

美联社记者李敦白（Sidney Rittenberg）被誉为"红幕后的洋人"。1946年，李敦白来延安采访，习仲勋与群众的密切关系给他留下了深刻印象，以至习仲勋逝世后，李敦白专门从美国华盛顿发来唁函悼念，追忆了他当年的困惑。图为1966年，李敦白在延安窑洞前留影。

"中国女婿"李敦白的困惑

"给我印象最深的，是这位习书记和沿途老百姓亲密无间的关系。从绥德到清涧到延安，凡是我们见到的大人小孩，农民工匠，无不亲切地跟习书记打招呼，而都由习书记称姓道名地问候。而且，他往往还问到他们的家人的具体情况，如'爸爸的腰疼病好些吗？''婆姨已经满月子吧？''孩子课本的问题解决了吗？'等等。"

习仲勋逝世后，李敦白从美国华盛顿发来唁电，写下了这样的文字："我当时觉得很惊奇，怎么可能同那么多人那样熟悉呢？"

李敦白（Sidney Rittenberg）当时是美联社的记者。他从张家口起程前往陕甘宁边区，于1946年10月23日到达河口镇后，由习仲勋护送前往延安。他在唁函中谈到的正是这段往事。

李敦白到延安后住在清凉山。习仲勋十分关心他，经常抽时间同他谈话。李敦白说："我始终把他看作真正人民革命领导人的一个高大榜样。"

新中国成立后，李敦白成为少数留在中国的美国人之一，1956年与中国姑娘玉琳结婚。"文革"中一度还起来"造反"。他于上世纪80年代回到美国，担任了微软投资中国的顾问。

1946年9月17日，在习仲勋等的指挥接应下，王震率南下支队迂回千里返回延安，受到党政军民的欢迎。

毛泽东九次来信

　　1946年，国共双方达成的停战协定墨迹未干，蒋介石就忙着实施"剿灭"共产党的进攻计划了。

　　6月18日，蒋下令先解决位于鄂豫两省交界地区，被围已久的中原军区部队。19日，周恩来获得这一情报，23日又获得国民党确切的作战计划，中共中央严令李先念和王震："立即突围，愈快愈好，不要有任何顾虑，生存第一，胜利第一。"24日，李先念和王震秘密集结，在国民党军尚未完成部署前，分兵突围。内战全面爆发。

　　中原军区分两路向西突围。军区司令员李先念率一路，副司令员兼参谋长王震率一路。李先念率部突围后与陕南地方武装合编，创建豫鄂陕根据地。王震部因受重兵围追，中央军委批准北上，返回陕甘宁边区。

　　一年多前，王震率部队"到南方画一张红色地图"时，毛泽东曾有意让习仲勋随王震南下，但考虑再三，还是让习仲勋留在了陕甘宁。因为毛泽东认为巩固和发展陕甘宁边区更重要。而这次，又把接应王震部队的任务交给了习仲勋等人。

　　毛泽东在一个多月时间内接连给习仲勋写了9封信，要他接应王震返回边区。

　　7月26日，王震突围部队来到陕东南。毛泽东给习仲勋写了第一封指示信，要他"多派熟习（悉）情形的干部"前去协助。（《习仲勋传》上卷，中央文献出版社2008年版，第419页。）

　　8月10日，毛泽东又接连写了两封信，就西北局派部队策应李先念、王震创建豫鄂陕根据地的问题作了具体指示……到9月2日，毛泽东接连写了9封信。

　　9月17日，王震部队回到了延安，习仲勋、林伯渠等西北局和陕甘宁边区的领导人到延安十里铺迎接王震归来。

毛泽东九封信手迹

1946年,内战爆发。王震率部队由中原突围向陕甘宁边区转移。"毛主席把我叫去,问我路怎么走,从哪里过渭河,并要我派人接应。这期间,主席不几天就来一封信,有时隔一天一封,一个多月的时间,共写了九封。"32年后,习仲勋撰文回忆说。

这9封信,习仲勋一直珍藏着。主政广东后又带到广州。1979年,中央档案馆征集文物,这9封信才得以面世。中央办公厅回赠了一套复印件,并盖上"中档复制件"的红色印章作为纪念。这9封信既体现了延安时期毛泽东与习仲勋的核心交往,也体现了习仲勋对毛泽东的深厚感情。

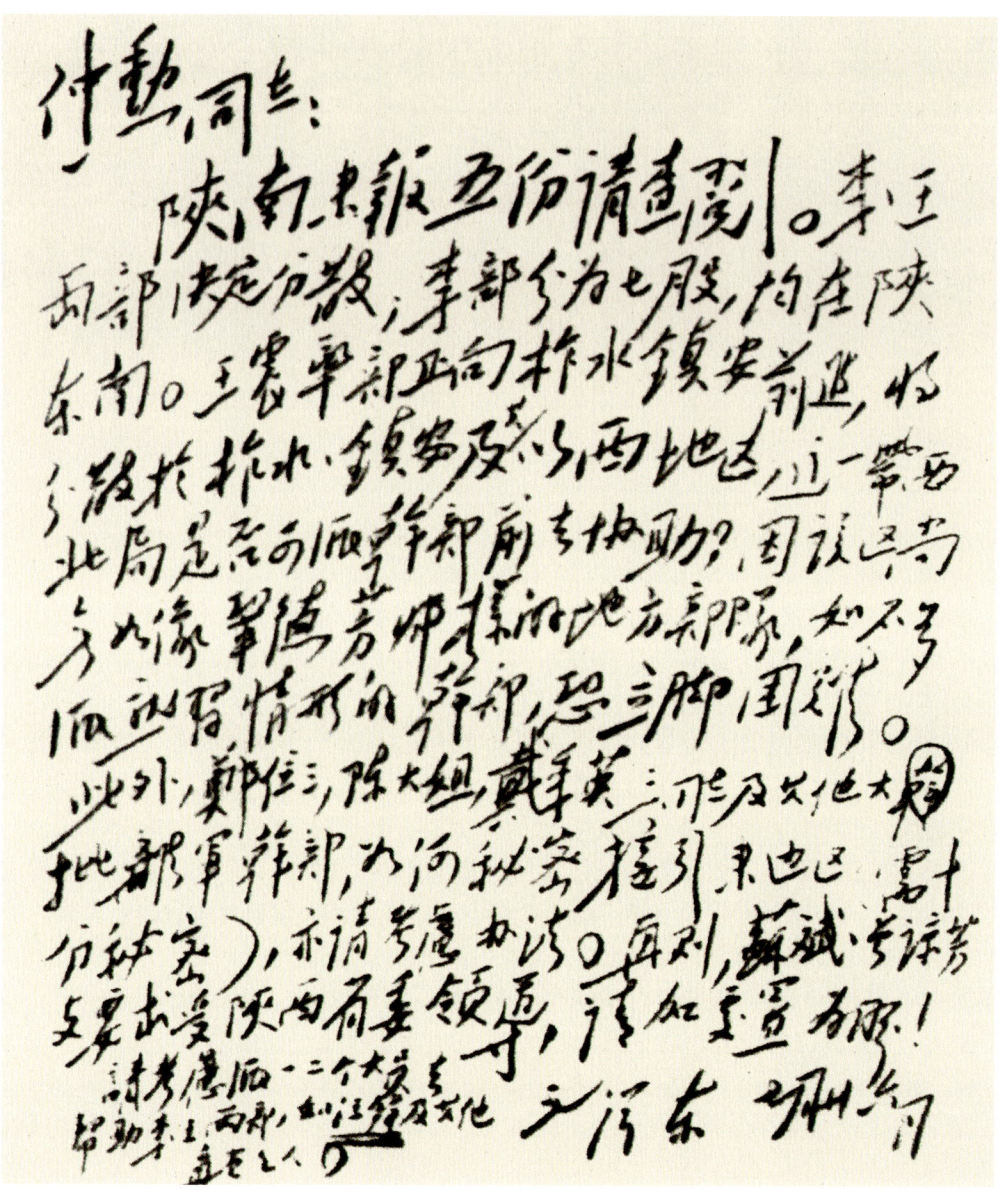

1946年7月26日,第一封信手迹。

1946年8月10日，第二封信手迹。

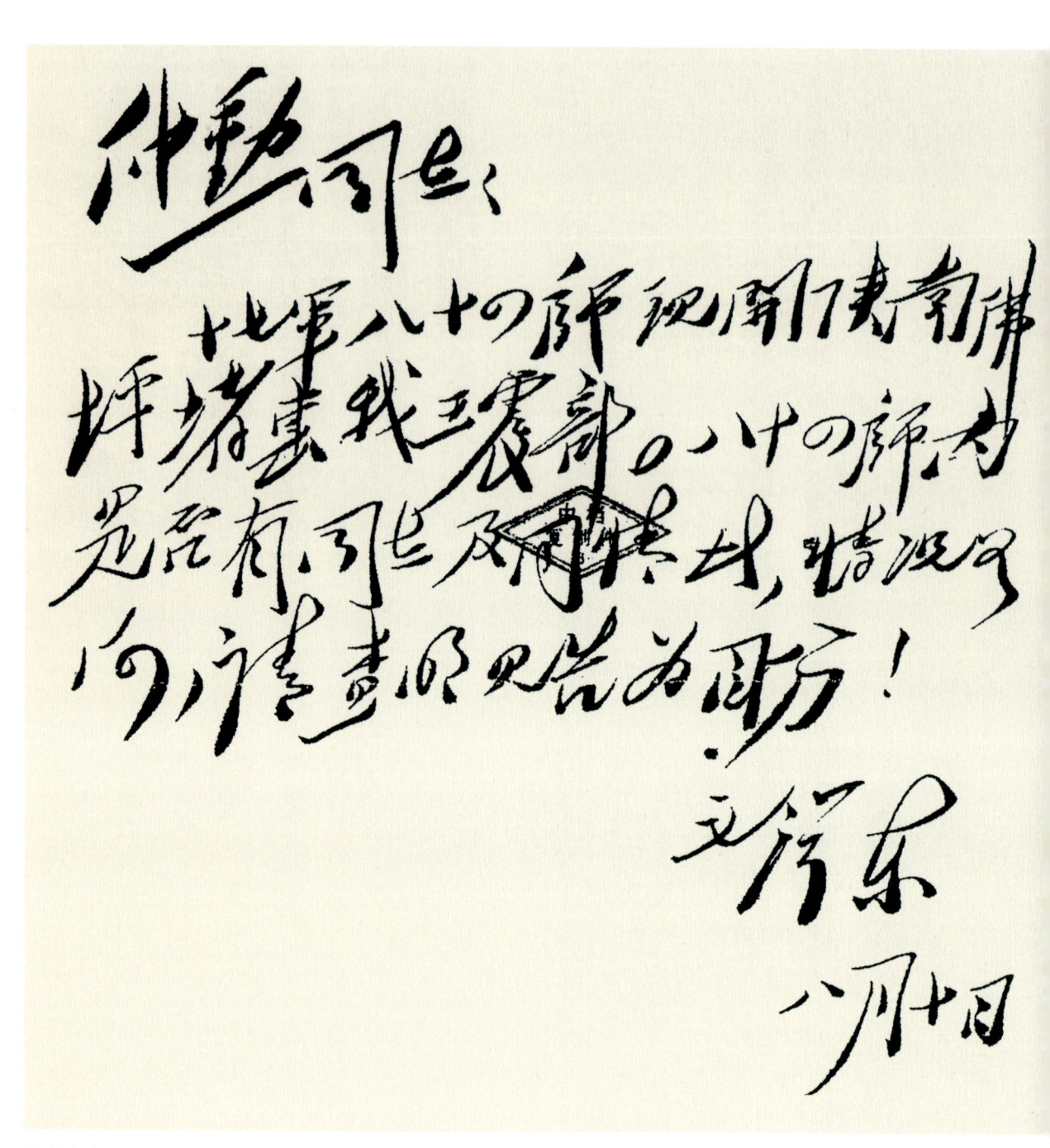

1946年8月10日，一天内两次来信即第三封信手迹。

1946年8月19日，第四封信手迹。

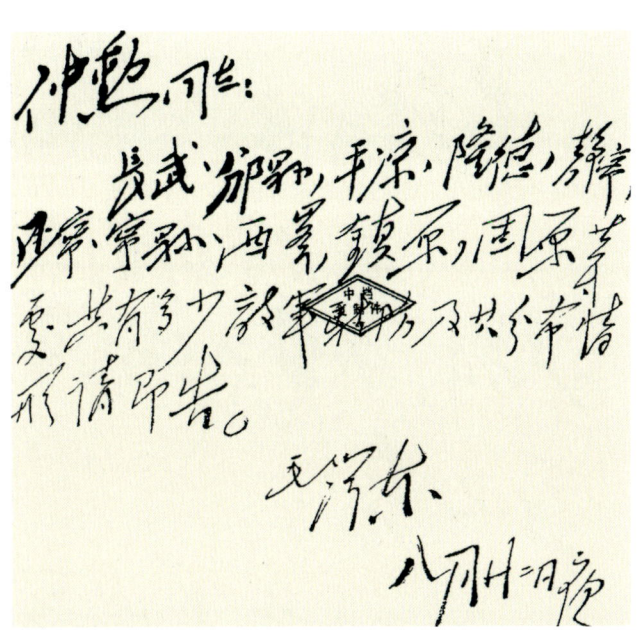

1946年8月22日，第五封信手迹。

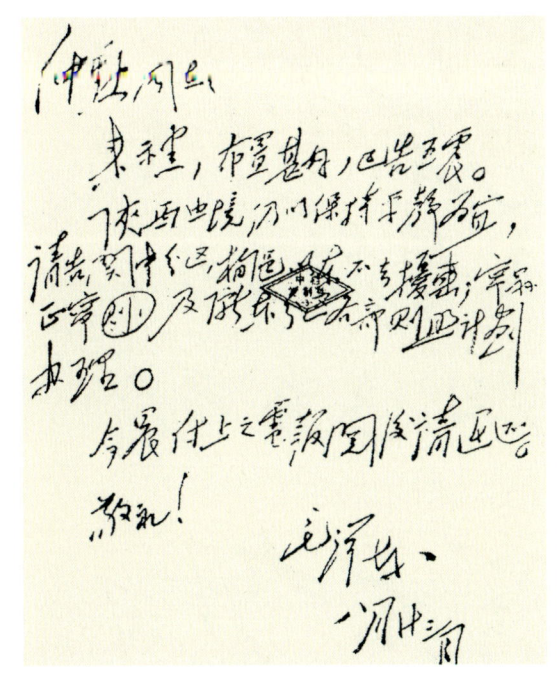

1946年8月23日，第六封信手迹。

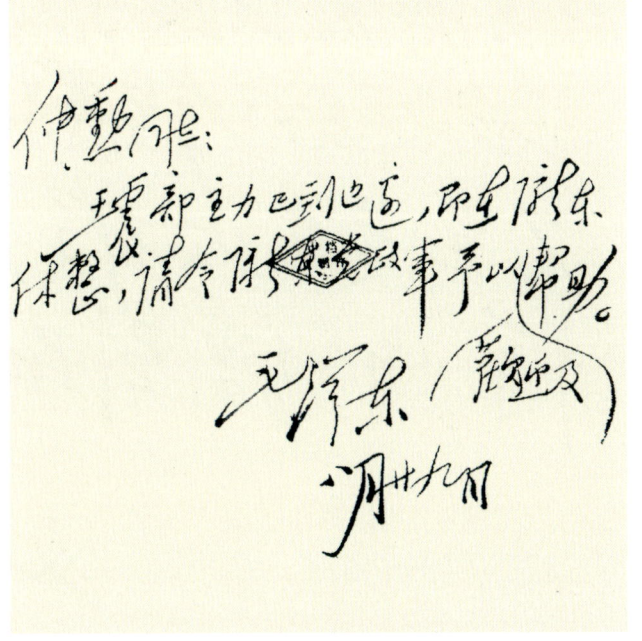

1946年8月29日，第七封信手迹。

1946年9月1日，第八封信手迹。右上为习仲勋手迹："请文舟同志指定专人将'第（二）项'绘图说明，并盼于明早九时带两份来我处。阅后退我。习仲勋"。

阅后退我

仲勋同志：

来信收到。即照所定方针去做。作战时，注意集中绝对优势兵力歼敌一部，如来信所说集中六至七个团歼敌一个营。据手头看形势，如我损伤不大，又有好打之敌时，打完二仗，再歼敌一个营；如不好打，则撤回休整，待机再打。此外，须早筹三千人左右补充作战部队的消耗，请早为筹备。最好定期交付各旅训练，临时可迅速补充。

毛泽东
九月二日

1946年9月2日，第九封信手迹。右上"阅后退我"系习仲勋手迹。

横山起义（波罗起义）

北线！内战爆发前夕，对战争与和平已做两手准备的毛泽东把目光锁定在陕甘宁边区的北线。

边区处于三面包围中。南部集结有胡宗南的部队约30万人，西部有马步芳、马鸿逵的部队12万人，北部有邓宝珊的第二十二军及陕北保安部队2万多人，东部就是天险黄河。一旦蒋介石向边区发起进攻，形势将十分严峻。

1946年4月，毛泽东指示中共中央西北局书记习仲勋，把统战工作的重点放在边区北线，加强对邓宝珊的第二十二军及陕北保安部队的统战工作，为边区全面自卫战争取得一块回旋余地。

国民党陕北保安副总指挥胡景铎与在关中分区工作的师源是同学，与习仲勋是校友，思想进步，曾组织抗日义勇军进行抗日活动。

习仲勋接到任务后，立即召开会议，把国民党第二十二军副军长兼陕北保安指挥部指挥官胡景通、胡景铎列为争取对象。

习仲勋把在关中分区工作的师源调往绥德分区，担任统战部副部长，专门负责与胡景铎的联系。胡景铎与师源会面后，即确定了起义意向。

7月，习仲勋把西北局统战处处长范明叫到他的房内，在白凌纸上写好信，让范明缝在背心里，化装成立城公学教员，只身前往横山县波罗堡，与胡景铎商定起义计划和行动方案。

10月11日，陕甘宁晋绥联防军北线战役指挥部行进至横山响水堡以南地区，集结部队一万人，配合胡景铎部起义。13日，胡景铎率部在波罗堡起义，接着北线战役打响，一举解放了无定河以南5000平方公里的地区。

12月中旬，习仲勋陪同毛泽东在延安接见了起义官兵。毛泽东说，胡景铎能在敌强我弱的情况下，下邓宝珊的船，上习仲勋的船，你选择的这个道路是正确的。你们的行动给西北的旧军队指出了一条光明大道。

习仲勋曾说，从整个解放战争的全局来看，横山起义的规模不算大，但它的意义不可低估。波罗起义扩大了边区面积，为后来毛泽东转战陕北，打破蒋介石的重点进攻提供了宝贵的回旋空间。

胡景铎与习仲勋是"乡党",立诚公学的校友。新中国成立后,胡景铎任陕西省交通厅副厅长。1977年7月6日,逝世于办公桌前。图为1946年起义时的胡景铎。

1998年,习仲勋为《胡景铎将军》一书题签。

1946年12月初，胡景铎率领起义部队调赴延安。

从 "落脚点" 到 "开放圈"
From the Starting Point to the Opening Zone

波罗起义部队及指挥部就驻扎在这座古堡里。图为波罗堡遗址。

  长期以来，"波罗起义"被混淆为"横山起义"。波罗在梵语中指"度到彼岸"。波罗镇位于横山县城与榆林之间，是进入榆林的门户。胡景铎的主力部队驻扎在波罗堡镇。胡景铎率部在波罗堡起义后，与起义接应部队新四旅、教导旅联合围攻横山县城，横山县守城部队才投诚起义。这支投诚部队后来"反水"逃往榆林。因此，把"横山起义"称为"波罗起义"更为准确。

中共中央西北局书记、西北野战军副政治委员、陕甘宁晋绥联防军区政治委员习仲勋和西北野战军第二副司令员赵寿山。

延安我们不守，让敌人把这个包袱背上

1947年，蒋介石认为"剿匪工作至此已达九仞一篑之时"，毛泽东亦提出了人民解放战争与之针锋相对。

3月初，蒋介石又发动了新的攻势，重点向延安、山东两地发起攻击。胡宗南集结23万兵力，于13日向延安发起了全线攻击。

3月16日，中央军委决定组建西北野战兵团，彭德怀任司令员兼政委，习仲勋任副政委，统一指挥陕甘宁边区的野战部队和地方武装。此后，毛泽东在发给彭德怀和习仲勋的电文中称西北野战军为"彭习军"。

毛泽东撤离延安后，指示彭、习说，延安我们不守，让敌人把这个包袱背上，把几十万敌人拖到边区，一直把它拖垮。只要一个月能消灭敌人一个团，保证三年收复延安。（《习仲勋文选》，中央文献出版社1995年版，第333页。）

收复延安没有用三年，在彭德怀和习仲勋的指挥下，延安军民仅用了1年1个月零3天就收复了延安。

1947年3月16日，毛泽东在保卫延安的作战命令中明确指出，边区的一切部队自3月17日起，统归彭德怀、习仲勋指挥。这是西北野战兵团司令员兼政委彭德怀和副政委习仲勋一起研究作战部署。

三战三捷

　　青化砭巧布口袋阵，羊马河上演虎口夺食，蟠龙镇调虎离山拔钉子，在毛泽东撤离延安后的一个多月时间里，彭德怀、习仲勋指挥西北野战兵团"三战三捷"，活捉了国民党三个旅长。胡宗南在给蒋介石的一份电报中称：当前战场我军几均处于劣势，危机之深，甚于抗战。（《习仲勋传》上卷，中央文献出版社2008年版，第501页。）

　　"三战三捷"中有焦躁：青化砭战役中，战士伏在冰冷的地上，等了一天一夜也没见敌人的踪影，一种焦躁的情绪在部队蔓延。彭德怀和习仲勋商拟了一个动员令，坚定信心。

　　"三战三捷"中有危险："我们周围山头四面八方都有狂呼乱叫的敌人，大家都很紧张，人人持枪在手。侦察员和参谋们不断送来十万火急的报告，我焦灼地在窑洞里来回走动，而彭总却若无其事地躺在我身边的炕上，聚精会神地思考着马上就要进行的战斗如何打。敌人刚从头顶上过去，他立刻下炕去，说敌人向北，咱们向南，各办各的事噢！率领我们向蟠龙镇扑去。"习仲勋在回忆这段往事时写下了这段文字。

　　"三战三捷"中也有创造：因为没有攻坚重炮，蟠龙战役打得十分困难。彭德怀、习仲勋下令停止攻击，召开"火线诸葛亮会"，研究攻坚战术。这种做法，后来被中央军委、毛泽东推广到全军。

　　"三战三捷"是在毛泽东领导下，彭德怀与习仲勋第二次合作的结晶。他们的第一次合作是在红军西征中，习仲勋在环县八珠塬为彭德怀安排了指挥部驻地，把周围村庄的石碾子集中起来，日夜加工米面，供应部队。彭德怀称习仲勋是西征红军合格的催粮官。

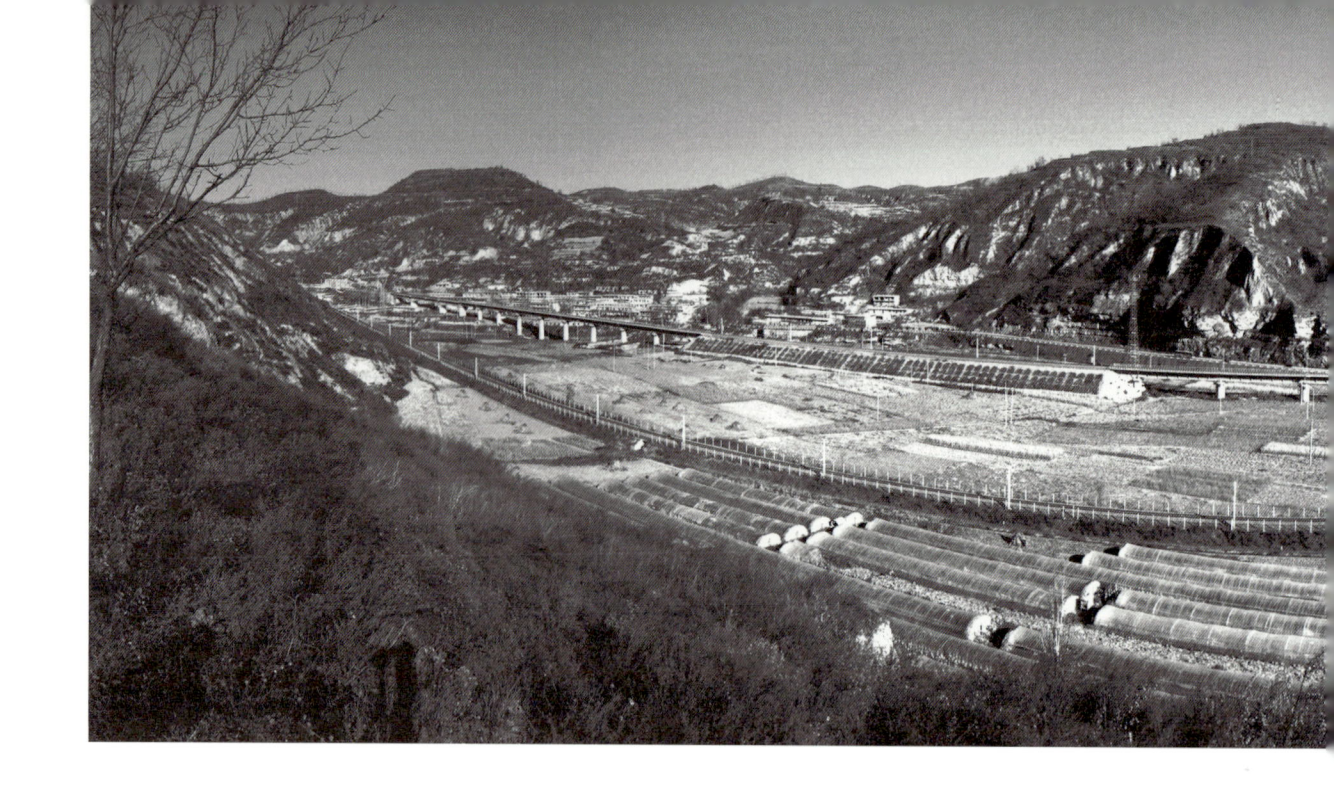

彭德怀（左二）、习仲勋（左三）等在青化砭战役前沿阵地上。

青化砭巧布口袋

彭德怀、习仲勋离开延安的时候，一张大网也悄悄地张开了。

1947年3月19日，按照计划，西北野战兵团一支部队向安塞方向行动，把胡宗南引向延安西北，兵团主力则集结于甘谷驿、青化砭一带。胡宗南顺从地向安塞方向追击，并派出一个旅向青化砭推进，保护其侧翼。

彭德怀、习仲勋即命部队在延榆公路青化砭至拐峁段设伏，布成一个口袋阵。指挥部就设在青

青化砭战役遗址全貌。

彭德怀、习仲勋签发的作战命令。　　　习仲勋（左二）与廖汉生（左三）、张仲良（右二）等在阵地上。

化砭西北的一个山头上。

3月25日凌晨，胡宗南部三十一旅完全进入口袋阵后遭到围歼，旅长李纪云被俘。西北野战兵团仅伤亡265人。

青化砭战役是西北野战兵团撤离延安后打的第一个胜仗。

羊马河战役遗址全貌。

羊马河虎口夺食

青化砭战役后，西北野战兵团以两个营顺势诱敌向东，从青化砭向延川方向行动，领着胡宗南近10万部队游行了200多公里。

显然，胡宗南变聪明了，施行了一种被彭德怀、习仲勋称为小米磙子式战法——队伍开进时集结几个旅为一路，数路并进，缩小间隔，互相策应。

但彭德怀、习仲勋还是找到了歼敌的机会。

解放军晋冀鲁豫野战军和太岳军区部队夺取了禹门渡口，切断了胡宗南与阎锡山的联系，威胁关中胡宗南的后方。胡宗南不得不改变部署。判断西北野战兵团主力仍在青化砭一带，胡宗南命令刘戡部向青化砭推进，一三五旅策应。

彭德怀、习仲勋判断胡宗南一三五旅可能南下与刘戡会合，决定在瓦窑堡以南的羊马河实施围歼。

4月14日，胡宗南一三五旅离开瓦窑堡，我诱敌部队将他们引进了设在羊马河的埋伏圈。四个旅对一个旅，以绝对优势歼敌4700多人，活捉旅长麦宗禹，首创歼敌一个整旅的范例。

刘戡的部队虽仅隔数里，但始终无法靠近。彭德怀称这场战役为虎口夺食。

蟠龙战役遗址全貌。西北野战军猛攻蟠龙，歼敌6700余人，俘少将旅长，缴获大批军用物资。战士们笑称，胡宗南给咱们当了一回军需官。

调虎离山攻蟠龙

蟠龙镇位于延安东北，四周筑有土寨，易守难攻。胡宗南在这里修了地堡，挖了战壕，设置了地雷阵，建成自己的补给站。

羊马河战役后，中共中央和陕甘宁边区机关的部分人员向山西转移，国民党空中侦察发现黄河渡口有船只，并有多路小分队向黄河岸边移动。以为中共中央和我军主力要东渡黄河，蒋介石急令胡宗南北进，驻扎在榆林的邓宝珊南下策应。

彭德怀、习仲勋决定在敌人进逼绥德时围歼蟠龙守敌，得手后围歼甘谷驿、桥沟一线的敌人。毛泽东看到两人发来的电报，称"此计甚好"。

为实现这一计划，彭德怀、习仲勋以我三五九旅一部配合地方部队，作出主力撤退假象，沿途丢弃一些军用物资，引敌北上。指挥部则隐藏于新庄。

胡宗南九个半旅排成纵横几十里的方阵北进时，西北野战军指挥部就处在方阵中的一个小山沟里。西北野战兵团包围了蟠龙，于5月2日发起总攻。因为没有攻坚重炮，攻击异常艰难。彭德怀、习仲勋下令召开了后来被推广全军的"火线诸葛亮会"，研究攻坚战术。

5月4日，西北野战兵团再次发起攻击，歼敌6700多人，俘获少将旅长李昆岗，缴获军服4万套，面粉1万袋，子弹百万余发及大量药品。战士们笑称，胡宗南给咱们当了一回军需官。

1947年冬，西北野战军以诉苦、三查方法进行了冬季整训，大大提高了广大指战员的政治觉悟。毛泽东对这次冬训评价极高，誉其为"新式整军运动"。图为战士在诉苦大会上，干部战士控诉旧社会。

陕甘宁晋绥联防军区政治委员习仲勋。

习仲勋是我军的好军师

"三战三捷"后,西野兵团转入陇东、三边地区作战,对手就是手上沾满红军鲜血的马步芳部队。对于优待这支部队俘虏的做法,不少战士和指挥员想不通,习仲勋及时召开了指战员及随军工作人员会议。

习仲勋说,马步芳一直向他的士兵欺骗宣传,说红军要来报仇,被他们捉住一个不留全部杀掉,所以在战场上和我们硬拼。我们优待俘虏,放他们回去,事实揭穿了马步芳的欺骗宣传,下次他们再和我们交锋,就不会那样顽固了。

"习仲勋是我军的好军师。"彭德怀说,"我曾打过不少仗,但从来没有这次愉快,本来有许多工作应由我们指挥员去做,但仲勋他们几位都帮我们做了。"(《怀念习仲勋》,中共党史出版社、中国文史出版社2005年版,第232页。)

在靖边县小河村召开的这次会议上,习仲勋第一次谈到了边区土改中"左"的偏向。会后,习仲勋回后方工作。

首提土改纠偏

1947年7月21日至23日,在靖边县小河村,中共中央召开了被称为解放战争的转折点的"小河会议"。会议在院子里临时搭的凉棚下举行,毛泽东提出了用五年时间(从1946年7月算起)推翻蒋介石集团的设想。

会议决定组成以彭德怀为书记的西北野战军前委,使西北野战军进一步发挥牵制和逐步消灭胡宗南集团的战略作用,同时由陕甘宁晋绥联防军司令员贺龙统一领导这两个解放区的地方工作,使晋绥解放区进一步成为陕北的后方基地。习仲勋担任了西北野战军副政委、陕甘宁晋绥联防军政治委员。

在这次会议上,习仲勋第一次对边区土改中出现的问题谈了自己的看法,提出对土改中损害中农和民族工商业利益、乱斗乱找、抓"无形地主"等偏向应该纠正。

会后,彭德怀去了前线,习仲勋回后方,去着手农村土改工作。

1947年冬，习仲勋（右）和马文瑞、张邦英、张经武、李卓然、贵拓夫、王维舟、林伯渠、贺龙、杨明轩等在陕北绥德义合镇薛家渠西北局驻地。

只凭老经验办事，不能适应新形势

1947年12月25日至28日，中共中央在米脂杨家沟召开扩大会议，史称"十二月会议"或"杨家沟会议"。

会议期间，毛泽东为了起草好主题报告，逐一约参加会议的同志谈话，听取意见。毛泽东与习仲勋谈完工作后，说："你们长期做实际工作，没有时间学习，这不要紧，没有时间可以挤。我们现在钻山沟，将来要管城市，现在就要抓紧理论知识的学习。你一年读这么薄薄的一本，两年不就两本了嘛，三年不就三本了嘛，这样，十几年就可以读十几本，不就可以逐步精通马列主义了嘛。"

毛泽东说，一个人的经验是狭隘的，它受时间、地点、条件的限制，要使经验上升到理论，就得学习。只凭老经验办事，不能适应新形势。（习仲勋：《红日照亮了陕甘高原》，《人民日报》1978年12月20日。）

此后，毛泽东非常关心习仲勋的学习，有时，专门挑选一些书送给习仲勋阅读，对习仲勋也越来越器重。

纠正"左"的情绪

1948年1月4日至2月8日的一个多月内，习仲勋就"老解放区的土地改革问题"、"要注意克服土地改革中'左'的情绪"和"按三类地区有区别地进行土地改革"，向党中央、毛泽东三次函电，直言反对"左"倾情绪。

土改开始后，习仲勋敏锐地发现了老解放区的特殊性。1月4日给中央的信中，习仲勋指出："地主、富农占中国农村百分之八左右的观念，在老区必须改变"，否则，"势必犯严重错误"。同时，还要反对"干部带去"的"左倾形式主义"，反对吊地主、打干部。

毛泽东于1月9日批示："我完全同意仲勋同志所提各项意见。望照这些意见密切指导各分区各县的土改工作，务使边区土改工作循正轨进行，少犯错误。""华北各老根据地亦应当注意。"

习仲勋分析了老区阶级成份的变化：在老区，有些乡村贫雇农很少。其中，有因偶然灾祸贫穷下来的，有的是地、富成份下降未转化好的。有因好吃懒做、抽烟浪荡致贫的。1月19日，习仲勋再次致电中央："由他们起来领导土改，就等于把领导权交给了坏人"，真正好的基本群众在中农阶层及一部分贫农中。他在电文中说："我看一有'左'的偏向，不要半月，就可以把一切破坏的精光。"

毛泽东阅后于1月29日指示：完全同意习仲勋同志这些意见。华北、华中各老解放区有同样情形者，务须密切注意改正"左"的错误。凡犯有"左"的错误的地方，只要领导机关处理得法，几个星期即可纠正过来，不要拖延很久才去纠正。同时注意，不要使下面因为纠正"左"而误解为不要动。

2月8日，习仲勋又致电党中央，对老解放区、半老解放区、新解放区作了概念界定，进而提出不同地区土改的内容与步骤。

习仲勋的意见受到了重视。周恩来参考习仲勋等人的意见起草了《关于老区半老区土改问题的决定》，颁发各个解放区，成为指导全国土改的纲领性文件。习仲勋也因此被一些研究者誉为"土改专家"。

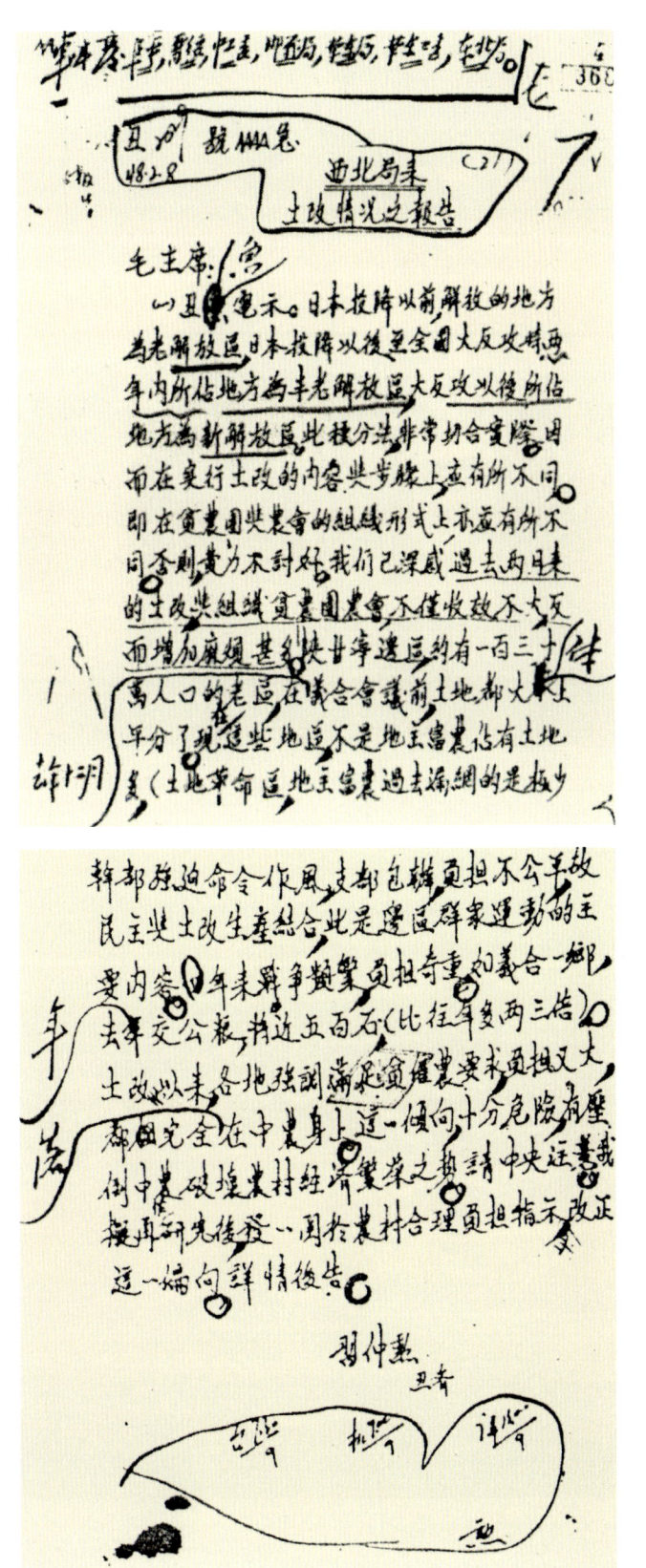

毛泽东批改的习仲勋关于土改问题的报告。

1947年10月,中共中央西北局移驻绥德县义合镇薛家渠村。习仲勋在这里多次召开边区干部会议,贯彻落实全国土地法大纲和中央"十二月会议"精神。图为绥德义合镇薛家渠习仲勋旧居。

薛家渠村全貌。阳湾空地就是史称"义合会议"的会场原址。

1948年，贺龙、马明方、习仲勋、林伯渠、贾拓夫、王维舟（左起）在绥德。

1948年5月26日至6月1日，西北野战军前委在洛川县土基镇召开第二次扩大会议，总结春季攻势，部署今后的工作。图为习仲勋作动员讲话。

1949年2月8日,陕甘宁边区参议会常驻议员、政府委员暨晋绥代表联席会议在延安召开,习仲勋(第三排右六)被推选为最后一届边区参议会代理议长。

1949年3月5日,中共七届二中全会在河北省平山县西柏坡村召开。会前,毛泽东电示:"希望彭德怀、贺龙、习仲勋均能到会。并望张宗逊、王震二同志中能来一人。"图为七届二中全会会场。

168 • 习仲勋 XIZHONGXUN

1949年6月，习仲勋在西安各界保卫西安动员大会上讲话。

1949年5月20日，西安解放。中共中央西北局、陕甘宁边区政府机关向西安转移。习仲勋进入西安后，暂住在原国民党陕西省政府的新城大院。刚接管西安时的敌情十分复杂，习仲勋的警卫员回忆，一天早晨，他正在打开水，遭到了敌特分子冷枪袭击，一颗子弹打穿了他手提的开水壶……考虑到安全问题，习仲勋等领导先搬到北院门，后又到了建国路。图为1949年，习仲勋（前右）、贺龙（前中）、李井泉（前左）与第一野战军一、二军部分领导同志在西安新城大院合影。

1950年1月19日，西北军政委员会成立，中央任命彭德怀（前排左三）为西北军政委员会主席，习仲勋（前排左二）、张治中（前排左四）为副主席。

当好西北人民的勤务员

新中国成立后的12月2日，中央人民政府委员会举行第四次会议，正式决定设置西北等大区一级的军政委员会，并任命彭德怀为西北军政委员会主席，习仲勋、张治中为副主席。

1950年1月19日，西北军政委员会成立大会暨主席、副主席就职典礼在西安群众礼堂举行。习仲勋在就职讲话中说："……当一本过去为人民服务的精神，和全党同志一起，和各民族、各界党外人士一起，彼此共策共勉，当好西北人民的勤务员。"

从 "落脚点" 到 "开放圈"
From the Starting Point to the Opening Zone

1950年6月,中国共产党七届三中全会在北京举行。这是新中国成立后的第一次中央全会,习仲勋(四排右六)出席了这次会议。
图中前排右四起:吴玉章、朱德、毛泽东、刘少奇、徐特立、林伯渠、董必武、任弼时、周恩来等。

1950年10月，彭德怀出任中国人民志愿军司令员兼政治委员赴朝指挥作战，习仲勋代理西北军政委员会主席，全面主持西北党政军工作。右为西北局政策研究室主任黄植。

1950年，习仲勋给西北局和陕西省、西安市干部作报告。

习仲勋、马明方与西北五省区及西安市部分领导合影。前排左起：贾拓夫、张德生、习仲勋、马明方、杨明轩、马文瑞；后排左起：王恩茂、张稼夫、黄植、汪锋、王世泰、张仲良、李景林、赵伯平。

1950年，习仲勋（前排左六）与赴朝鲜的中国人民慰问团西北区团全体代表合影。

从"落脚点"到"开放圈"
From the Starting Point to the Opening Zone

1951年，新中国成立两周年，习仲勋在西安检阅国庆游行队伍。

1952年5月，习仲勋（前中）为国营西北第一棉纺厂开工典礼剪彩。

XIZHONGXUN 05
从"落脚点"到"开放圈"
From the Starting Point to the Opening Zone

伍

你比诸葛亮还厉害
You are stronger than Zhu Ge Liang

在许多人看来

项谦叛乱不过是一个孤立的事件

但习仲勋却从这一"孤立"的事件中

看到了西部民族地区长治久安的大局

习仲勋坚信

政治解决是解决西部民族问题的最好"药方"

习仲勋的解决方式

稳定了项谦

稳定了大西北

昂拉平叛

昂拉部落位于青海省黄河上游西岸。1949年大西北解放的时候，项谦是这个部落的头领，时称"千户"。

1949年底，一些反革命武装分子逃到昂拉，拉拢项谦。项谦强令辖区百姓购买枪支弹药，成立反共救国军，自任军长，发动叛乱，形成武装割据。

有人提出武装平叛，但习仲勋不同意。他对青海省委书记张仲良说："绝对不能打，万万不可擅自兴兵，只有在政治瓦解无效以后，才能考虑军事进剿。"（《习仲勋革命生涯》，中共党史出版社、中国文史出版社2002年版，第357页。）

1950年8月，经过反复做工作，项谦来到西宁，称自己受了匪特蛊惑，今后一定坚决靠近政府。谁知项谦返回昂拉后，把自己说过的话丢在了脑后，不仅没有悔改，反而变本加厉。

1951年9月，青海省召开各族各界代表会议，参加会议的各千百户、盟旗长及宗教首领对项谦的所作所为义愤填膺，坚决要求政府剿灭项谦。

青海省委请示西北局和中央要求出兵。习仲勋在回复中说："争取和平解决昂拉问题于我政治上甚有利，应当仔细向喜饶嘉措、班禅行辕等许多藏族人士征求如何争取昂拉千户。过去历次所做争取工作是否都完全适当，也要稍加总结，以便政治争取工作做得更好。我们考虑的是对广大藏区的影响问题，如果我们工夫不到，且不说军事上打不好，会因流窜引起麻烦，即使打好了，对其他藏区工作仍会有许多不好的影响，给以后增加许多困难。如果我们政治方面工作还未做得周到（当然还有军事上的准备），军事进剿仍不妨甚至可以肯定应当推迟。"他一再叮咛"时刻要防止急躁情绪"。

青海省委、省政府根据习仲勋的指示，继续加强政治争取工作。项谦依然执迷不悟，对派去的代表凌辱，甚至企图扣留、谋杀。他强迫群众种植鸦片，外出贩卖，以换取军火，并四处抢劫，残害百姓，数次聚众袭击解放军和武工队、工作组。

项谦的行为激起了更多人的义愤，项谦的参谋长、隆务寺经师诚勒活佛与项谦脱离了关系。青海各族各界人士、活佛、襄佐、千户、百户多次上书省政府，要求迅速肃清昂拉反革命武装。

西北局批准了军事清剿的报告，并指出，军事清剿还是为了进一步政治争取项谦。

1952年5月1日清剿开始，不到两天就摧毁了叛乱武装。项谦带少数人逃进同仁县南乎加该森林。

党和政府帮助昂拉群众解决生产生活急需，对战俘除匪首外，随捉随放，对项谦的妻儿、胞妹给予特别保护，派医生医治项谦患病的母亲，项谦埋在地下的财物也交给了他的亲属。

一些干部认为这时争取项谦的可能性不大，也没什么价值。习仲勋再次电告张仲良，尽快派出项谦信任的汉藏人员向项谦做工作。准备再纵再擒，做到让他完全信服。

遵照习仲勋的指示，尖扎工委派出曾参加叛乱被政府宽大的完德太等11人再劝项谦。算起来，这已经是第17次政治解决昂拉叛乱的努力了。

1952年7月11日，项谦带着11人回到了昂拉，交出枪支，归向人民政府。此后，项谦历任尖扎县县长、黄南自治州副州长，直到1959年3月去世。

平息昂拉叛乱是习仲勋成功运用统一战线政策的经典案例。事后毛泽东见到习仲勋时说："仲勋，你真厉害，诸葛亮七擒孟获，你比诸葛亮还厉害。"

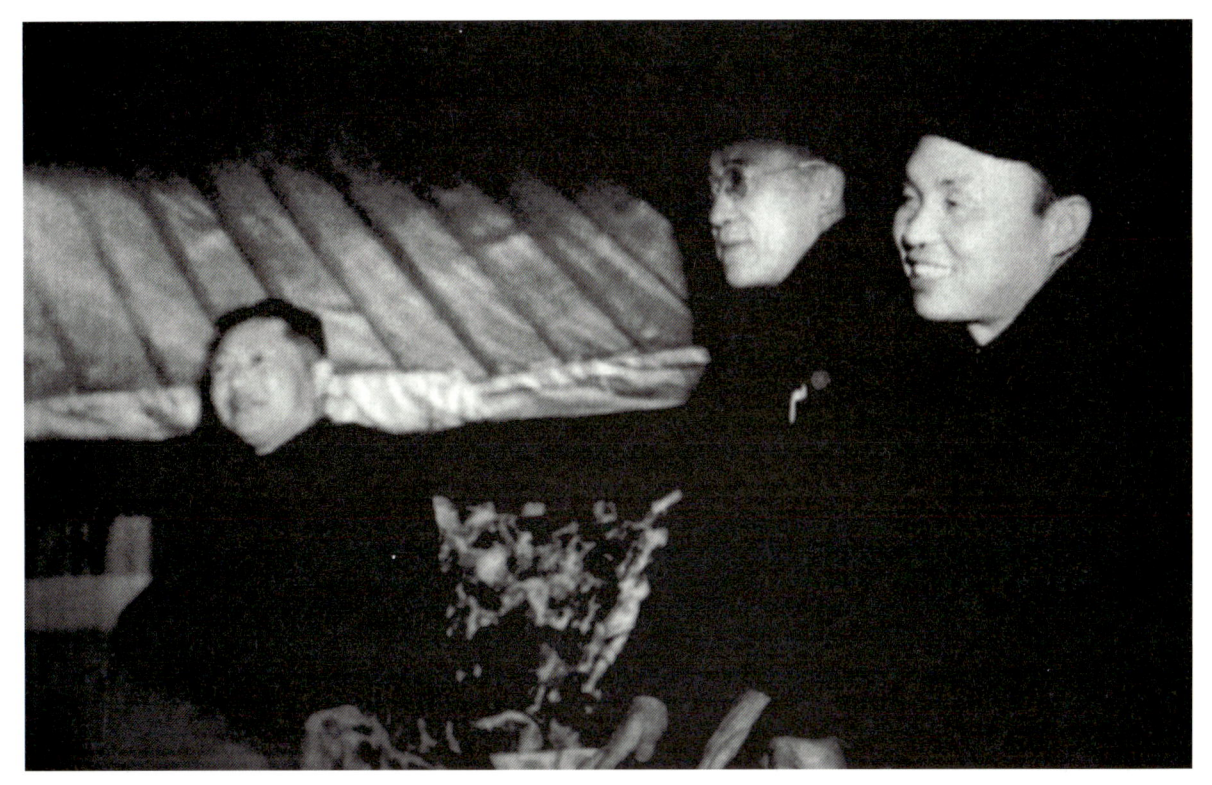

1950年12月，习仲勋与青海省委书记张仲良（右）、省长赵寿山（中）在西宁。习仲勋曾多次电示青海省委，推迟军事进剿项谦，防止急躁情绪。

第十二代昂拉千户项谦，归顺后，历任尖扎县县长、黄南自治州副州长，1959年3月去世。

1952年4月，在多次政治争取项谦无效的情况下，西北军区决定实施军事打击。

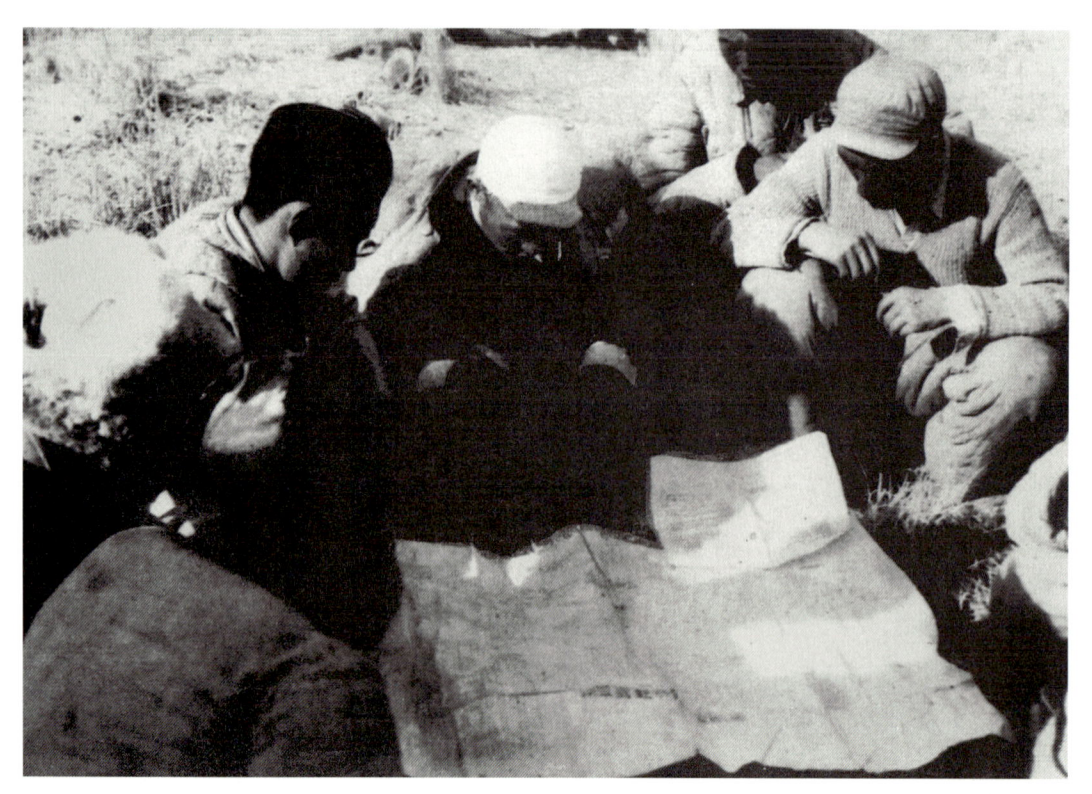

1951年2月初，从新疆逃窜到柴达木的乌斯满匪徒，与甘、青、新交界地区的小股匪徒勾合在一起。西北军区进剿部队在研究作战方案。

新疆解危

1950年3月，新疆爆发了乌斯满武装叛乱。蒋介石委任的"新疆反共总司令"乌斯满活动于天山南北，胁迫牧民2万多人，对新生的新疆革命政权构成了严重威胁。

平叛开始后，平叛部队抓获了乌斯满叛乱集团的一个头目贾尼木汉。彭德怀、习仲勋联名致电新疆省委，要求把贾尼木汉与乌斯满区别对待，争取并利用贾尼木汉来瓦解乌斯满残部，稳定归顺之部落孤立乌斯满集团。

1951年春，叛乱情况不仅没有好转，反而出现了更大的危机。原因是新疆省委没有很好地执行中央和西北局制定的新疆、西藏"土改"缓行的政策，提前进行了"土改"，抓了一些当地少数民族及宗教界的重要人士，土匪和特务趁机造谣生事，攻击党的民族政策，制造分裂，一时局面混乱，并出现了逃亡潮。西北局严令新疆省委停止这种做法并上报中央。中共中央和毛泽东高度重视新疆问题，严厉批评了新疆省委负责人，改组省委，维护新疆的社会秩序。毛泽东两次交待习仲勋要将其中的一位负责人开除党籍，但习仲勋只做了降职处理。

1952年7月，习仲勋奉毛泽东命令赴新疆解决民族纠纷。习仲勋通过调查研究，形成了《关于保障一切散杂居的少数民族成份享有民族平等权利的决定》、《关于地方民族民主联合政府实施办法的决定》等解决方案，很快稳定了新疆局势。他的许多意见后来被政务院通过的新疆政策所吸收。

李瑞环曾说："李维汉和习仲勋同志关于民族统战工作方面的讲话和著作，是我们当今民族统战工作的法宝。"（刘立军：《善做统战工作的习仲勋》，《党史博览》2009年第2期，第48页。）

1952年7月，习仲勋在新疆与包尔汉（右）、赛福鼎·艾则孜（左）合影。

1951年4月23日,习仲勋在西安迎接赴北京参加和平解放西藏谈判的十世班禅。十世班禅走下飞机受到了习仲勋的欢迎,这是习仲勋和十世班禅的第一次见面。

与班禅大师的深情厚谊

  习仲勋被誉为"统战大师",他与十世班禅额尔德尼·确吉坚赞的交往,堪称统战工作的典范。班禅比习仲勋小20多岁,是习仲勋的"忘年交"。

  两人相识于1951年。这年4月,班禅应中央人民政府邀请,赴北京协商和平解放西藏,途经西安,习仲勋去机场迎接他。

  活脱脱一个英俊少年!习仲勋把他迎到西北局驻地,他很快与习仲勋的儿子习富平玩到了一起。

  《关于和平解放西藏办法的协议》签订后的1952年12月,班禅由青海回西藏,习仲勋受党中央和毛泽东委托前去塔尔寺为班禅送行,两人在交往中建立了信任。

  两人的密切交往始于1954年9月班禅大师当选全国政协副主席后。当时,习仲勋任国务院秘书长,受中央委托负责同班禅大师联系。此后,两人便成了无话不谈的知心朋友。每年春节,班禅都会来到习仲勋家里待上整整一天。

  面对习仲勋"我有错误你批评,你有错误我批评"的坦诚,班禅说,你是我的老朋友、好朋友,

1952年12月，习仲勋代表党中央和毛泽东主席，专程到青海塔尔寺，为十世班禅返藏送行。

你了解我，你是为我好才这样说，这样做，我很高兴。

习仲勋在广东主持工作后，一次班禅去广东休养，一见习仲勋便说："我是奔您来的啊！"

1989年，班禅大师要去西藏主持班禅东陵扎什南捷开光典礼，临行前特向习仲勋告别。出门要告别，回来要谈心，这是班禅长期同习仲勋交往的一个老习惯。习仲勋看到他胖得走路不灵便，便说，你可不能再胖了，太胖对心脏不好。班禅笑了："习书记，我这是专门养的老佛爷形象，藏族僧众看到我瘦了不好。"习仲勋劝他注意保健，班禅说他还年轻，等这次回北京就减肥。说完，习仲勋拉着班禅的手，送他走出门，目送他远去。

没想到这次告别竟成永诀。1989年12月28日凌晨，班禅在西藏主持灵塔开光典礼，心脏病突发圆寂。

"白发人送黑发人啊！"习仲勋悲恸地说，"中国共产党失去了一位忠诚朋友，我失去了一位合作共事40个春秋的知心朋友。"

XIZHONGXUN 06
从"落脚点"到"开放圈"
From the Starting Point to the Opening Zone

陆

五马进京
Working in Zhong Nan Hai

"炉火纯青"

"一个活的马克思主义者"

从西北到北京

从西北人民的勤务员到共和国的勤务员

对习仲勋"这匹最年轻的马"来说

变化的只是人生的境遇

1950年6月，全国政协一届二次会议在北京举行。图为习仲勋在会议上汇报西北地区工作情况。

"炉火纯青"典故的由来

新中国成立前夕，党中央决定组建新的中共中央西北局，彭德怀、贺龙、习仲勋分别担任第一、第二、第三书记。不久，贺龙调离，习仲勋升任第二书记。1950年10月后，彭德怀离开西北指挥抗美援朝战争，36岁的习仲勋从"年轻有为"的革命者成为全面主持西北地区党政军工作的"炉火纯青"的领导人。

1952年初的一天，毛泽东看完习仲勋从西安发来的《关于中共中央西北局委员会全体会议情况》，问前来汇报工作的薄一波："你讲讲，习仲勋这个同志怎么样？"

早在延安时，薄一波就知道毛泽东赞誉过习仲勋"年轻有为"，就回答："年轻有为"。毛泽东不假思索地说："如今他已经'炉火纯青'。"（《习仲勋革命生涯》，中共党史出版社、中国文史出版社2002年版，第35页。）

1952年10月8日，习仲勋陪同党和国家领导人在中南海勤政殿接受各民族国庆观礼团献旗。图为习仲勋、邓小平、沈钧儒、李济深、毛泽东、朱德、周恩来、林伯渠、黄炎培（从左至右）在主席台上。

五马进京

从 1952 年 8 月到 1953 年初，西南局第一书记邓小平、东北局第一书记高岗、华东局第一书记饶漱石、中南局代理书记邓子恢、西北局第二书记习仲勋，先后奉调进京担任党和国家的领导职务，民间称之为"五马进京"。习仲勋出任中宣部部长兼政务院文化教育委员会副主任、党组书记。

习仲勋觉得让老部长陆定一改任副部长不妥，以自己的经历和学历，他担心难以胜任，就向毛泽东表达了自己的不安。毛泽东讲了一个耍蛇人的故事。毛泽东说，蛇看起来很吓人，但是它在耍蛇人的手里就非常驯服。这是因为耍蛇人掌握了蛇的活动规律。你没有做过宣传工作，做上一段，掌握了宣传工作的规律，不就可以当了嘛！而且还能够做得好。（《习仲勋传》下卷，中央文献出版社 2013 年版，第 208 页。）

毛泽东的这个安排，显示了他对习仲勋的格外器重。一年之后，习仲勋出任政务院秘书长。

这是第二次全国宣传工作会议代表合影。1954年5月,中共中央召开第二次全国宣传工作会议,中宣部部长习仲勋作总结报告。前排左起:徐特立、习仲勋、林伯渠、朱德、毛泽东、刘少奇、吴玉章、邓小平、张鼎丞。

他是一个活的马克思主义者

早在习仲勋尚未进京被正式任命中宣部部长之前,毛泽东就透露出了这个消息。

1951年初秋的一天傍晚,在中南海湖岸边,毛泽东对胡乔木和林默涵说:"告诉你们一个消息,马上给你们派一位新部长来。习仲勋同志到你们宣传部来当部长。他是一个政治家,这个人能实事求是,是一个活的马克思主义者。"(秦俊:《党史博览》2008年第10期。)又说:"仲勋是位很好的同志,延安时期他就是一位模范的地委书记。"(《习仲勋革命生涯》,中共党史出版社、中国文史出版社2002年版,第38页。)

1954年9月15日至28日，第一届全国人民代表大会第一次会议在中南海怀仁堂举行。习仲勋被任命为政务院秘书长。图为习仲勋与谢觉哉、罗瑞卿（前排自左至右）等在会议主席台上。

1954年10月，国务院第一次全体会议召开时，参加会议人员合影。二排左三为习仲勋。

1953年,《全国人民代表大会及地方各级人民代表大会选举法》公布施行,全国开始普选。1954年,习仲勋当选为第一届全国人民代表大会代表。图为1953年12月12日,习仲勋在北京中南海选区参加基层选举。

新中国第一部宪法《五四宪法》诞生于1954年，是以毛泽东为宪法起草委员会主席亲自主持起草制定的。1953年1月，习仲勋被任命为宪法起草委员会委员。他作为33个宪法起草委员会之一，参与起草制定了这部宪法。图为1954年3月23日，宪法起草委员会第一次会议在北京举行，委员们合影，前排左起：黄炎培、郭沫若、彭德怀、陈云、周恩来、宋庆龄、毛泽东、刘少奇、李济深、张澜、董必武、沈钧儒、何香凝，后排右一为习仲勋。

在协助周恩来工作的日子里

"穿一身黑布棉衣军衣,留着浓密的胡子,剑眉下是炯炯有神的双眼……"这是周恩来留给习仲勋最初的记忆。

1935年12月27日,从陕北"肃反"的阴影里走出来的习仲勋,参加了中共中央在中央党校召开的党的活动分子会议,第一次见到了周恩来。望着周恩来,习仲勋"内心十分仰慕"。

习仲勋第一次和周恩来面对面谈话是在1936年1月,中共中央决定他去关中特区工作。赴任前,周恩来对他说:"党派你去关中特区任苏维埃政府副主席、党团书记,任务是发动群众,扩大和巩固陕甘苏区,开展游击战,配合中央整个战略部署,威胁西安,迎接将要到来的抗日高潮。"这次谈话,深深地刻在习仲勋的记忆里。

习仲勋没有想到,23年后自己会成为周恩来的助手。1953年9月,习仲勋任政务院秘书长,长期在周恩来身边工作,他说这是他"一生中受到教育和帮助最多的时期"。

周恩来不喜欢唯唯诺诺的人,最不高兴听到的话是"总理的意见很正确,我完全拥护"。习仲勋常听到周恩来说,一个好的领导,要善于坚持正确意见,也要善于听取别人正确的意见,还要有勇气放弃自己的错误意见;要善于说服别人接受自己的正确意见,也要敢于接受别人的正确意见。

在周恩来身边工作让习仲勋时时刻刻都感受到一种温暖。1958年,周恩来带领国务院机关干部到北京十三陵水库工地参加劳动,习仲勋与周恩来一起劳动,周恩来在前面拉车,习仲勋在后面推。他怕累着总理,不想总理的步子比他还快,车绳老是绷得紧紧的。

1959年的一天,周恩来约习仲勋一起到国务院机关食堂吃饭。周恩来买了几个窝头和一份素炒白菜。他边吃边问干部对食堂伙食的意见。他对习仲勋说:我们要关心群众生活,机关食堂的主食和副食都差,看上去每天热量不够,必须设法改善群众生活。周恩来建议各单位建立自己的生产基地,种粮种菜,养猪养鸭。遵照总理的指示,习仲勋立即拿出了方案,在国务院机关开展生产补充农副产品的不足。

习仲勋回忆说,周恩来经常夜以继日地工作,却从不让习仲勋跟他一起熬夜。每逢假日,他自己照常工作,却让习仲勋休息。一个星期天,周恩来打电话找来习仲勋,语含歉意地说:"星期天也不能让你好好休息,因为有急件要处理,又把你找回来了。""我应该回来和总理一道工作。"习仲勋答道。

1979年4月8日,习仲勋在《人民日报》发表《永远难忘的怀念》一文,深切缅怀周恩来。他说:"我总觉得总理没有离开我们,总理的革命精神,总理的崇高品质,总理的音容笑貌,总理的光辉形象,无时无刻不萦绕在我的脑海之中。"

1958年4月,习仲勋陪同周恩来乘飞机视察三门峡水库工程。

1958年6月,周恩来、习仲勋与参加十三陵水库工地劳动的国务院机关工作人员一起用餐。

习仲勋在十三陵水库工地劳动。

习仲勋教周恩来推独轮车

  1958年6月15日，北京天气异常炎热。一大早，习仲勋随同由周恩来等中央领导带领的中央国家机关和中央直属机关300多名领导干部，又一次来到十三陵水库工地参加义务劳动。这一天，习仲勋身穿白衬衣，头戴草帽，脚蹬圆口布鞋。劳动开始前，按照工地要求对参加劳动的人员进行了人员编组和分工。习仲勋传达周恩来的指示说，今天到这里来的没有总理、副总理、部长、司局长职务，大家都是普通劳动者。劳动时要精神饱满，互相照顾，量力而行。

  之后，周恩来首先推起一辆独轮小车，大家迅速铲土装车，当周恩来推车费力向前行进时，习仲勋赶忙跑过去给周恩来说，独轮车要掌握好平衡，不然容易翻倒。干脆咱俩搭对，我来推，您在前边拉。说完他就老练地推起车来，周恩来在前面使劲地拉车前行。人们看到他俩配合默契干劲十足的情景时，连连发出赞叹。

  劳动间隙，习仲勋被人们围了起来，他饶有兴趣地从推小车谈起，讲述了自己的劳动经历。他说："推车技术是生活逼出来的。早年父母先后病逝，叔父患重病不能劳动，因此我从小就学会干农活，犁、耧、耙、耱样样都会。我曾经一次摇耧种过40亩小麦。推独轮小车的技术也是那个时候磨炼出来的。"

  （《习仲勋传》下卷，中央文献出版社2013年版，第262-263页。）

人民来信来访，不是小事，是大事，不是一般工作，是个重要的政治任务

从群众反映的"小事"中，习仲勋常常能发现"大问题"。

1954年12月30日，习仲勋让秘书田方根据一些来访来信，整理一份给毛泽东和周恩来的专题报告。田方读了这些来访来信记录，对其中的两个细节记忆深刻。这两个细节都指向农村的食油紧张问题。一位农民说："食油四两，想起老蒋！"；一位农民赶大车时车轱辘没油吱吱作响，生气地说："我都没油吃，你还想吃油哩！"说罢向车轱辘上撒了一泡尿。

田方觉得这些细节不宜向中央反映，而习仲勋认为这是农民敢于说话，就让田方保留了这两个情节。报告送上去之后，引起了毛泽东和周恩来的重视。

习仲勋说："人民来信来访，不是小事，是大事，不是一般工作，是个重要的政治任务。"

他还领导制定了六条措施，加强这方面的工作，要求各省、市、自治区必须有一名书记和省长分管信访工作，加强对信访工作的领导。要把来信来访所反映的问题分门别类，综合研究，从中找出规律，及时解决其中带普遍性的突出问题等。

劳动锻炼是医治思想贫乏症的一种好办法

1958年，党中央号召干部下放劳动锻炼，国务院机关许多干部报了名。1月28日，习仲勋为国务院机关下放干部举行了欢送会。习仲勋说："干部在办公室坐久了，容易患思想贫乏症，劳动锻炼是医治思想贫乏症的一种好办法。"他希望大家下去要过好三关：劳动关、生活关、思想关。

习仲勋时刻牵挂着这些下放的机关干部。这年9月，习仲勋专程来到陕西省蒲城县，看望在这里劳动锻炼的国务院下放干部。他鼓励大家坚持下去，取得劳动、身体、思想三丰收。

1958年9月6日，习仲勋专程来到陕西省蒲城县，看望在这里劳动锻炼的国务院机关下放干部。

1960年6月,习仲勋(左一)带领中央国家机关干部到北京郊区红星人民公社和社员一起收割小麦。

西北考察

1958年8月中央政治局在北戴河举行扩大会议后，以高指标、瞎指挥、浮夸风、共产风为标志的"左"倾错误严重泛滥开来。周恩来派习仲勋带领考察组，到西北地区了解情况。

考察组有国务院副秘书长、总理办公室副主任等10多人，还有全国人大常委会副秘书长余心清。

这次考察中，有三件事给习仲勋留下了深刻印象。

第一件发生在陕西省礼泉县。习仲勋在礼泉县考察了烽火公社。这个公社出了一位全国劳模王保京。习仲勋在烽火公社看到，一簇簇小坟堆布满了整整一大片耕地。"这是什么？"习仲勋感到十分好奇。当地负责人回答说，这是北京一位科学家的"发明"，实施一种新的农作物栽培方法，只要使土地受阳光照射的面积越大增产就越多，堆成小坟状是为了扩大土地的阳光照射面积。习仲勋用手扒开土堆，看了看纤细的禾苗根系，说："你们看坟堆的表面似乎扩大了面积，但底下的根系仍然只集中在一小块，有了阳光，而土壤和肥料有限，怎能增产？"

第二件事发生在兰州。习仲勋到兰州后，当地即向考察组介绍了正在兴建的"引洮上山"工程。工地上，数万名精壮劳力白天苦干，晚上夜战。习仲勋在工地上看到的惟一先进的工具，是利用山上山下高差架设的铁索摇辘轳绞车。这年是个好年景，但大部分劳动力都在引洮上山工程工地，庄稼因无人收割，坏在了地里。习仲勋说："这样搞法不行啊！将来老百姓要吃亏的。"没多久，甘肃即闹起了粮荒，"引洮上山"工程下马。

第三件发生在敦煌。当地领导给考察组介绍了他们一县一社，实行衣食住行、生老病死、入托上学十包全供制的"创举"。习仲勋批评说："人民公社的特点是'一大二公'，但是，最大最公，也不能大到一县一社，也不能公到十包全供；最大最公，也不能由集体所有制一下变成全民所有制，更不能从社会主义一下跳到共产主义；最大最公，也不能用按需分配代替按劳分配。生产关系的发展不适应生产力的水平，其结果只能破坏生产力。"当时人民公社与总路线、大跃进一道被奉为"三面红旗"，习仲勋提出这样尖锐的批评，该需要多大的勇气和魄力！

1958年9月，习仲勋带领考察组在陕西关中农村考察。

1958年9月，习仲勋在西北民族学院与师生亲切交谈，并给学院畜牧兽医系各族学员签名留念。

1958年9月，习仲勋（后排右三）到甘肃阿克赛哈萨克族自治县牧区考察，与牧民合影。右一为全国人大常委会副秘书长余心清，右二为甘肃省省长邓宝珊。

1958年9月29日，习仲勋（中）在敦煌莫高窟考察。

1958年10月，习仲勋（左六）在宁夏石嘴山煤矿与采煤工人合影。

1958年10月，习仲勋（蹲下者）在宁夏吴忠师范学校观看师生们制作的太阳能热水器。

1958年10月，习仲勋（左二）在宁夏青铜峡了解黄河水利工程情况。

1959年5月，刚担任国务院副总理兼秘书长的习仲勋到河南安阳视察。安阳钢铁公司需要大量的焦炭，煤源地六河沟煤矿在解放初期划给了河北省，对六河沟煤矿的归属，河南、河北两省都十分关心。习仲勋出了个主意，让安阳市向周恩来总理汇报，请他出面协调。周恩来总理与河北省领导商定：区划不变，地下的煤河南省可以开采。最后，这一难题得以解决。图为1959年5月28日，习仲勋（前排右八）与中共安阳市委会机关干部合影，右七为夫人齐心。

1959年6月5日，习仲勋视察三门峡水库大坝建设情况。

习仲勋在中南海办公。

最年轻的副总理

习仲勋从不贪恋权高位重,心里想的永远是自己的不足。1959年3月底,中央提名习仲勋任国务院副总理,他觉得不妥,郑重地给中央写了一封信——

小平同志并主席:

昨晚收到《关于国家机构和人事配备方案》(草案),看到新提的副总理名单中有我的名字,心情颇为不安。回忆几年来国务院秘书长任职期内,工作没有做得很好,主要还在于自己有毛病,并不因职务关系而妨碍工作,因而十分歉疚。我仍愿意在下届国务院谨守原来工作岗位,多做些工作,做得更好些。这样,于工作无损,对自己可能更有好处,特恳请中央考虑在新的名单中把我除名,另提别的同志为新增副总理。

习仲勋
1959年4月1日

同年4月27日,全国人民代表大会二届一次会议任命习仲勋为国务院副总理。时年习仲勋46岁,是当时15位副总理中最年轻的一位。

1959年6月6日,习仲勋在陕西渭南双王公社考察小麦生产情况。

1959年6月,习仲勋视察洛阳第一拖拉机制造厂。

1959年9月，朱德、贺龙、习仲勋、罗瑞卿（从右至左）观看全国第一届运动会比赛。

从"落脚点"到"开放圈"
From the Starting Point to the Opening Zone

1953年9月后,习仲勋历任政务院秘书长、国务院秘书长;1959年4月任国务院副总理兼秘书长,负责国务院常务工作。他在国务院协助周恩来总理工作长达10年,被大家誉为"国务院的大管家"。1959年他提出不予修建国务院办公大楼的建议得到周恩来总理的采纳。图为1995年,习仲勋为纪念国务院机关事务局成立45周年题词:"弘扬机关事务工作优良传统,争取更大光荣。"(《机关事务》,国务院机关事务管理局编,1996年10月,第10页。)

中南海这个地方……我们拾掇一下就可以办公了

1959年,北京建成了10大地标建筑,它们分别是人民大会堂、中国历史博物馆、中国革命博物馆、北京车站、北京饭店、首都体育馆、中国美术馆、全国农业展览馆、民族文化宫和中国人民革命军事博物馆。也许有人不知道,国务院办公大楼曾被列入这项计划。

新中国成立后,国务院的办公地设在中南海,都是一些老旧的平房,筹备新中国成立10周年"十大建筑"的计划提出后,国务院机关事务管理局和有关部门提出修建政府办公大楼,并拿出了设计图纸。周恩来总理征求习仲勋的意见,习仲勋说:"人民大会堂是人民代表开会讨论国家大事的地方,需要建筑,中南海这个地方,过去袁世凯、段祺瑞他们都办过公,我们拾掇一下就可以办公了,不一定要盖国务院办公大楼。如果要盖办公大楼,府右街一片民房都要拆掉。"周恩来总理说,你的意见很好,和我的想法一样,国务院不需要盖办公大楼。在我担任国务院总理职务期间,绝对不盖政府办公大楼。国务院办公大楼这项建筑计划就这样撤销了。(《怀念习仲勋》,中共党史出版社、中国文史出版社2005年版,第262页。)

1986年，习仲勋参观考察西安城墙。

不能拆，要保留

  西安城墙是西安作为世界四大文明古都之一最富有象征意义的标志，其历史可以追溯到距今1300多年的唐代。环视当代中国，除了山西的平遥、湖北的荆州，还没有哪个大城市的古城墙，像西安的这样保存完整。人们不曾知道，西安城墙像北京城墙一样，差一点遭到被拆掉的厄运！

  1958年，西安城墙作为"封建城堡"面临着被拆除的危险，当时的西安市委、陕西省委都认为城墙可以拆除。民间自发的行动，甚至毁掉了城墙的垛墙和角台。历史学家、时任陕西省文化局副局长武伯伦和其他4位文物工作者反对拆除，发电报给国务院反映情况。1959年春夏之交，习仲勋看到这封电报后立即批示："不能拆，要保留。"习仲勋还指示文化部研究保护西安古城墙的问题，1961年3月4日，经国务院批准，西安城墙被列为第一批全国重点文物保护单位。

  在习仲勋的关心下，西安古城墙剩余的豁口后来全部被连了起来。（《习仲勋传》下卷，中央文献出版社2013年版，第268—271页。）

1986年,习仲勋参观西安钟楼。

1961年4月至5月，习仲勋带领中央调查组到河南长葛县进行调查。图为习仲勋（前排右四）与长葛县的同志合影。

长葛调查

1961年是毛泽东确定的"实事求是年、调查研究年"。中央以此为契机，开始全面反省自身工作中的失误。这年4月至8月，习仲勋带领中央工作组来到长葛，先后撰写了两篇调研报告，为中央决策提供了科学依据。

习仲勋蹲点调查的两个村子分别是长葛县和尚桥公社王庄和宗寨村，距长葛县委只有几里路，他往返这两个村庄，每次都坚持步行。

长葛县"共产风"刮得厉害。群众说："劳动一天，还不如母鸡下一个蛋。""干不干两块半（指每月总工分值）。"习仲勋在调研报告中指出，由于没有认真执行社会主义按劳分配的原则，挫伤了群众的生产积极性。

中央关于农村工作的新政策颁发后，习仲勋发现并很快指出了其中的局限性。他肯定了中央实行包产、包干、包成本和超产奖励制度积极的一面，同时对贯彻包干政策过程中出现的问题进行了分析，指出新政策包产包工的办法，是按农作物逐项逐亩包的，种什么种多少都规定死了，生产队的种植权实际并未落实。干部群众拥护包总产的办法，因为"一包总产，生产队就真正当家作主了"，生产队才真正有权因地制宜，合理地种植各种作物，从根本上杜绝生产上的瞎指挥。

在长葛调查的日子里，习仲勋与当地人民结下了深厚感情。1984年9月20日，习仲勋曾蹲点调研的城关镇八七村（原宗寨村）党支部和全体干部群众给他写信，汇报了村里发展经济取得的成绩。时任中共中央书记处书记的习仲勋亲切回信，勉励八七村干部群众坚持实事求是的思想路线，清除"左"的思想影响，团结一致，在治穷致富、实现农业现代化的征程中努力攀登新的高峰！

XIZHONGXUN 07 柒
从"落脚点"到"开放圈"
From the Starting Point to the Opening Zone

蒙冤受屈 16 年
Being treated unjustly for 16 years

这是习仲勋生命中最灰暗的日子

遭到康生"利用小说进行反党活动

是一大发明"的诬陷

习仲勋蒙受了 16 年冤屈

在关押他的那间小屋里

他把转圈当成散步

不让自己的身心跨掉

他说他还要为党工作

利用小说进行反党活动，是一大发明

1962年9月，中共八届十中全会召开，习仲勋没有想到，自己会成为这次会议的一个焦点。

在这次会上，康生给毛泽东写了一张条子："利用小说进行反党活动，是一大发明"。毛泽东念了条子后，接着说："近来出现了好些利用文艺作品进行反革命活动的事。用写小说来反党反人民，这是一大发明。凡是要推翻一个政权，总是先造成舆论，总要先做意识形态方面的工作，不论革命、反革命，都是如此。"毛泽东后来又说："利用小说反党，是康生发现的。"

康生所说的小说《刘志丹》，是刘志丹的弟媳李建彤应工人出版社之约，耗时6年写成的。小说第三稿成稿后，她征求习仲勋的意见，习仲勋表示反对，建议李建彤最好写一些片断的革命回忆。李建彤的爱人刘景范劝说习仲勋说："西北的领导干部死的死，坏的坏，《刘志丹》这本书，你不支持谁支持。"习仲勋这才改变了态度，但强调写书"是教育青年一代"，写毛泽东领导革命的正确思想。

时任中共云南省委书记的阎红彦，早年曾与刘志丹等人一起在陕甘边打游击，看过小说样本和报刊刊发的部分章节后，认为书中反映的许多重要问题与历史不符，便找李建彤谈话，结果话不投机，发生争吵，不欢而散。阎红彦电话询问习仲勋对写小说《刘志丹》一事知道不知道。习仲勋说，1960年以前我不赞成写这部小说，后来同意了，并要作者将小说样本送给有关同志审阅，征求意见后出版。习仲勋还建议阎红彦再找李建彤谈谈。

康生没有看过小说，听到一些反映后，立即给小说定了性："这不是一个单纯的文艺的写作问题，看来是带有政治倾向的。"

"你是反党集团的挂帅人物。"在康生的主导下，习仲勋、贾拓夫、刘景范被指为"习、贾、刘反党集团"，罪名是为高岗翻案。

大规模的审查开始后，案件升级为"彭（德怀）、高（岗）、习（仲勋）反党集团"，近万人受到株连。为李建彤到陕北查访材料带路的当地群众王悦贤、刘景华也被迫害致死。

习仲勋被审查了16年，其间在监狱中度过了8年。

在1962年9月召开的党的八届十中全会上，因所谓"《刘志丹》小说问题"，习仲勋被诬为"利用小说进行反党活动"，随后被停止国务院副总理兼秘书长的职务。图为八届十中全会会场。

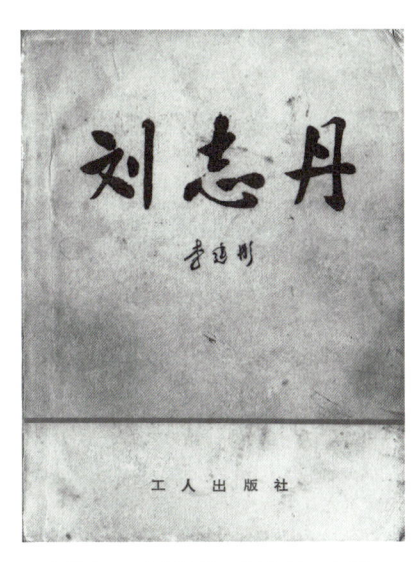

1979年正式出版的《刘志丹》小说。

习仲勋对小说《刘志丹》的批改意见。

1975年习仲勋与儿子习远平在洛阳。

革命也不是为了当官，种地同样可以革命

"勾结刘志丹的弟弟刘景范及妻子李建彤，授意他们炮制'反党小说'"，"为高岗翻案"，"习仲勋是大阴谋家、大野心家"，"利用小说进行反党，是一大发明！"

始料未及的政治打击，习仲勋极度痛苦，待在家中，沉默不语。周恩来和陈毅受党中央、毛泽东委托，找习仲勋谈话。

陈毅说："我犯的错误比你大，改了就好，要努力振作起来。"

周恩来说："党中央毛主席对你是信任的，让你代表政府做了许多工作，即使出了小说《刘志丹》这个问题，错了就改嘛。"周恩来握着习仲勋的手，"我们还是好朋友，千万不要有一念之差。"

习仲勋泪流满面，说："总理，您放心，这点我不会。我准备回农村去做个农民，革命也不是为了当官，种地同样可以革命。"（《习仲勋革命生涯》，中共党史出版社、中国文史出版社2002年版，第500页。）

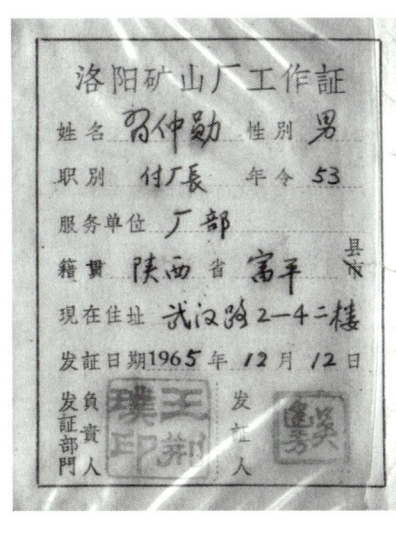

习仲勋任洛阳矿山厂副厂长时的工作证。

1965年12月,习仲勋下放该厂任副厂长。图为20世纪80年代,洛阳矿山机器厂总厂办公大楼。

上了一年的工业大学

1965年夏,习仲勋上书党中央和毛泽东要求到农村去。毛泽东却另有打算,说到工厂去锻炼锻炼,过两三年再回来。之后,中组部部长安子文找习仲勋谈话,宣布了中央让他到洛阳矿山机器厂的决定。(《习仲勋传》下卷,中央文献出版社2013年版,第292页。)

同年12月,习仲勋被下放到洛阳矿山机器厂,任副厂长。厂领导研究分工时,他希望到车间与工人一起参加劳动。于是,他成了电工班的一名工人。

电工班小组长赵发劳怕他干重活吃不消,有意安排让他干轻活,他就对赵发劳说:"赵师傅,你不要这样照顾我,我来这儿就是为了向工人学习,就是来干活,你要像对待其他同志一样对我、要求我,你要是有意识照顾我,我可就学不到什么东西了。"他在《我在洛阳矿山机器厂的一年》一文中写道:"我在洛矿的一年,实际上是上了一年的工业大学。我走出厂部,直接下到车间,与工人在一起,参加生产劳动,与工程师、技术员打交道,学习求教,这使我的眼界大开,增长了许多工业生产和管理方面的知识。"

从 1 数到 10000，从 10000 数到 1

1967 年 1 月 4 日夜，西安 10 多名红卫兵来到洛阳矿山机器厂，强行把习仲勋揪到西安，关在西北大学进行批斗。周恩来看到批斗照片后，他批评说："我们什么都不知道，你们为什么随便把习仲勋抓到西安！这样做是给文化大革命抹黑，也是给我们国家抹黑。"1968 年 1 月 3 日，周恩来派飞机把习仲勋从西安接回北京，交北京卫戍区监护，在当时的情形下，是对习仲勋的一种特殊保护。

然而，周恩来的努力是"有限"的，转为监护使习仲勋结束了整整一年的挨批日子，但仍然未能摆脱无休止的审查和迫害。

在此后长达 8 年的监护岁月里，习仲勋被关在北京北新桥交通干校一间只有七八平方米的小房子里，断绝了与外界的一切往来。

更为的痛苦的是，监护期间不许与家人见面，且消息封闭，使习仲勋一家受尽了"十年生死两茫茫"的折磨。夫人齐心也因未能与他划清界限受到株连，被下放到河南省黄泛区农场中央党校"五七干校"劳动审查达 7 年之久。齐桥桥、习近平、习安安都尚未成年就去兵团或插队，小儿子习远平随妈妈去了"五七干校"，初中毕业后就被剥夺了继续升学的权利，到工厂当学徒工。

人们得知习仲勋在这间小屋里的生活片断，还是通过他对河南省委书记王辉说的一番话。习仲勋对王辉说："我每天两次散步，在这小屋里面转圈子。从 1 数到 10000，再退着走，从 10000 数到 1。你想我要转多少圈，退多少圈，这就是我每天所谓的散步。我为了要为党和人民再做工作，就要走，就要退，锻炼毅力，也锻炼身体……"（《习仲勋革命生涯》，中共党史出版社、中国文史出版社 2002 年版，第 529-530 页。）

毛泽东没有看过小说《刘志丹》。毛泽东曾给张仲良说："仲勋是个好同志，为党做了很多工作，他有什么问题！那本小说还没出版嘛，我的一句话，把问题弄大了。我那次说的话是泛指。"（《习仲勋文集》上卷，中共党史出版社 2013 年版，第 459 页。）

1974 年 12 月 27 日，毛泽东对小说《刘志丹》案作出批示："此案审查已久，不必再拖了，建议宣布释放，免于追究。"但是，康生等人对毛泽东的批示，采取了消极拖延的态度。

1975 年春节后，迫于毛泽东和党中央的有关批示，专案组负责人向习仲勋宣布："你的问题属于人民内部矛盾，恢复文化大革命以前的结论。"你"犯有严重错误，所谓严重错误，就是写《刘志丹》那本反党性质的错误。"根据以上结论，可以解除监护，但中央决定让你"换一个环境，休息养病。" 13 年来漫长的审查、批斗和 8 年的监护换来的依然是异地流放——洛阳"休息养病"。

1975年，习仲勋于洛阳龙门。

难得的团聚

1965年，习仲勋被下放到洛阳矿山机器厂。临行前，在北京海淀区搞"四清"的齐心请了假，回家为他拆洗了被褥，为他送行。这一别就是八个年头。

被指"利用小说反党"的习仲勋遭审查后第一次和家人团聚是在1972年冬。这次见面是经周恩来总理协调才争取到的。当时，习仲勋还被关押在北京卫戍区。齐心和孩子获得了与习仲勋见面的机会。路上反复嘱咐自己"一定要坚强"的齐心，控制着自己的情绪，习仲勋在见面的一刻已流下泪水，他连连说："这是高兴的！"此时，他已经分不清谁是桥桥，谁是安安，谁是近平，谁是远平。他离开家时最小的儿子远平才9岁，而这次见面远平已16岁。

这是全家人一次难得的相聚。与习仲勋见面后，齐心和孩子们特意照了一张相，定格了所有思念与团聚的欢乐。

1972年冬，经周恩来协调，齐心获准带着孩子前往北京交通干校探望被监护审查7年的习仲勋。见到久别的孩子后，习仲勋已经分不清他们的大小。为了纪念这次难得的相聚，齐心带孩子特意拍了这张纪念照。

1975年，习仲勋与家人在洛阳合影。

1975年，习仲勋与齐心和儿子在洛阳相聚。

洛阳耐火材料厂厂区冬景。习仲勋解除监护后，在这里住了将近3年。

下放耐火材料厂

习仲勋解除监护后的1975年5月，被安排在洛阳耐火材料厂"休息养病"。

这是他第二次下放洛阳，也是第二次到洛阳耐火材料厂。洛阳耐火材料厂建于1958年，1960年5月，习仲勋视察了建设中的洛阳耐火材料厂，对办公大楼的设计方案提出了修改意见。

习仲勋下放后住在洛阳耐火材料厂一间24平方米的房子里，直至1978年2月恢复工作。"比监狱好多了。"习仲勋说。

1975年，齐心随习仲勋下放到洛阳耐火材料厂。在厂内的宿舍区，度过了3年时光。这段时光，在齐心看来，是蒙冤期间习仲勋最为舒畅的日子。

1979年中央专为此案下发了第53号文件,彻底为"《刘志丹》小说案"平反昭雪。文件认为,"习仲勋等同志关心这部小说的创作……是完全正当的。……所谓利用写《刘志丹》小说进行反党活动一案,是康生制造的一起大错案。文化大革命中,康生伙同林彪、'四人帮',更加变本加厉,搞出一起株连甚广的现代文字狱。"图为中发【1979】53号文件首页。

我感到自己又回到了党的怀抱

1976年10月粉碎"四人帮"后,"渴望把余生献给党"的习仲勋看到了希望。但"习仲勋反党集团案"是毛泽东批准的,在当时"两个凡是"的语境下,平反的可能很小。

习仲勋的夫人齐心找胡耀邦申诉习仲勋的冤案时,胡耀邦说,凡是冤假错案都要实事求是地坚决平反昭雪,不论谁说的、谁定的。胡耀邦积极促进习仲勋冤案等问题的解决,叶剑英也支持习仲勋出来工作。

1978年2月,习仲勋迎来人生的又一次转折。中共中央通知河南省委书记王辉护送习仲勋进京。两人见面时,习仲勋情不自禁地给王辉一个拥抱,说:"这是我16年来第一次和人拥抱,我感到自己又回到了党的怀抱。"(《习仲勋传》下卷,中央文献出版社2013年版,第353页。)

习仲勋回到北京,作为特邀委员,出席了政协第五届全国委员会第一次会议,当选为全国政协常委。

1979年7月,中组部对"《刘志丹》小说案"做出报告,认为从案件前后经过看,所谓利用写小说《刘志丹》进行反党活动,是康生制造的一起大错案,应予以彻底昭雪平反。

1980年2月,中共中央发出通知,为习仲勋等同志平反。中国步入了一个变革时代,这起冤案也划上了一个句号。

XIZHONGXUN 08 捌
从"落脚点"到"开放圈"
From the Starting Point to the Opening Zone

开放圈
The opening zone

广东"作为一个省

等于人家一个或几个国……

我们的要求是在全国的集中统一领导下

放手一点

搞活一点"

"如果广东是一个独立的国家

可能几年就上去了

但在现在的体制下

就不容易上去"

习仲勋又一次以一种历史自觉来到了中国转折的关口

希望广东"先行一步"

邓小平说"杀出一条血路来"

封闭的国门从此打开了……

习仲勋这样一位担任过国务院副总理的重量级人物到广东任职后,广州的街谈巷议颇为有趣:哗,好"大粒"(广州人对大人物的谐称)!广东有得发达啦。图为1978年4月5日,习仲勋(左六)离京赴广东,在机场与家人及送行人员合影。左一至左四为习近平、吴庆彤、宋养初、齐心,右三至右四为齐桥桥、习远平。

把守祖国的"南大门"

1978年2月,习仲勋从洛阳回到北京,出席全国政协五届会议。会议期间,在粉碎"四人帮"起关键作用的叶剑英见到了习仲勋,说"仲勋同志,你备受磨难,身体竟还这么好!"习仲勋和叶剑英在延安时就相识,他对这位党内有名的"叶参座"屡次在历史关键时刻所发挥的作用十分钦佩。特别令习仲勋感动的是,年届80岁的叶剑英在百忙中拨冗接见了他。习仲勋回忆说,"他见我身体很好,非常高兴,紧紧握住我的手,鼓励我要向前看,以后多为党做工作。"

1978年3月,叶剑英同华国锋、邓小平等领导人交换意见后,中共中央决定习仲勋担任中共广东省委第二书记,"把守南大门"。(《习仲勋传》下卷,中央文献出版社2013年版,第361页。)

这是习仲勋又一次把守"南大门"。

离京赴任前,华国锋、叶剑英、邓小平等中央领导接见他,中央领导对广东寄予很大希望,一再指出做好广东工作,对国内国际都具有十分重大的意义。4月5日,习仲勋只身抵达广州赴任。万里获知他没有带一名干部随行,急得拍了下大腿。

"北方的水土养育了我大半辈子,现在到了广东,要靠南方的水土养育下半辈子。"习仲勋到广东工作的第一次亮相,以这句话作了一个开场白。同年12月,中共广东省委第一书记韦国清返回北京,习仲勋升任第一书记,主政广东。

习仲勋主政广东2年8个月,凝聚了人心,营造了稳定的政治环境,带领广东改革开放先走一步,被誉为改革开放的先行者。也是人们公认的"改革开放元勋"之一。

1978年4月11日，习仲勋到广东后的第6天，叶剑英到广东视察工作，习仲勋向他汇报了广东工作的设想。叶剑英听后，以六言相赠：深入调查研究，稳妥制定计划；及时报告中央，按步执行实施；分清轻重缓急，注意保密安全。习仲勋把这六句话当作自己的座右铭。

1978年6月，习仲勋在广东进行整风，对"文革"时期的问题进行总结，分清路线是非，统一思想。有一些人思想转不过来，对习仲勋的意见很大，甚至写信到中央告状。8月18日，叶剑英委托胡耀邦写信给习仲勋和广东省委，转达他的话：仲勋同志去广东后，大刀阔斧，打破了死气沉沉的局面，工作是有成绩的。我们完全支持仲勋同志的工作。如果有同志感到有什么问题，希望直接找仲勋同志谈。图为习仲勋与叶剑英在海南岛。

"开放圈" THE OPENING ZONE 225

为消除"文化大革命"的严重影响,广东省委在各级干部中开展整风活动。图为习仲勋在会议上讲话。

你的表态早了

1978年5月11日,《光明日报》发表了经中共中央党校副校长胡耀邦亲自审定的《实践是检验真理的唯一标准》一文。第二天,《人民日报》《解放军报》以及部分地方报纸全文转载。在当时的语境下,这篇文章是对"两个凡是"的公开挑战。

6月24日,《解放军报》发表了由中央党校理论研究室主任吴江撰写的《马克思主义的一个最基本的原则》,回答了当时对实践是检验真理的唯一标准的种种责难与疑问。这篇文章由军委秘书长罗瑞卿修改定稿,后来被称为《实践是检验真理的唯一标准》的姊妹篇。

习仲勋是全国最早鲜明支持真理标准问题讨论的省级负责人之一。在广东省的党政领导人中,他最先公开表示支持和赞成《光明日报》的观点。

这年6月,习仲勋在全省组织大讨论,他说:"离开实践,理论一文不值。马列读得多,但不同实践结合,那有什么用处呢?" 9月20日,《人民日报》报道了广东省委常委会连续举行关于真理标准问题的学习讨论会。

公开反对党政一把手提出的"两个凡是"有"站错队"的政治风险。有北京的同志特别对刚刚复出出任广东省省委领导的习仲勋作了提醒。

习仲勋在1979年3月回顾说:"那一段大家都心有余悸,我也心有余悸。北京有同志见到了我,说我对真理标准问题表态早了。你不表态人家不知道你是啥态度,你表了态大家就知道了这个底。……我表态早点,我们也进行了讨论……但讨论没有展开,搞得不好。就算这样也好。"

广东是全国最早支持关于真理标准问题讨论的省份之一。习仲勋旗帜鲜明地支持这场讨论,强调实践是检验真理的唯一标准,这绝不是一个单纯的理论问题,而是一个有重大实践意义的问题。图为《人民日报》的相关报道。

习仲勋在十一届三中全会上被增补为中央委员。

习仲勋、王任重、宋任穷（前排右一至右三）等在全会上。

习仲勋（左）与邓颖超在全会期间亲切交谈。

十一届三中全会会场。

十一届三中全会上被增补为中央委员

1978年12月18日至22日召开的党的十一届三中全会,成为新中国发展史上的一个转折点。如果说此前召开的中央工作会议是中国向经济社会转型的一次热身,那么,十一届三中全会就是一次总动员。这次会议后,党的工作重心转到了经济建设上。

习仲勋参加了这次会议,被增补为中央委员。

一个历史细节是,中央工作会议原定于12月13日闭幕。邓小平在闭幕会上作了题为《解放思想,实事求是,团结一致向前看》后,习仲勋与其他代表提议,延长两天进行学习和讨论邓小平的这个报告。中央工作会议15日才结束。

用脚投票

1978年7月,习仲勋来到宝安调研。正值收割季节,但在田里劳动的只有老妇和小孩,看不到一个精壮劳力……

原来,青壮劳力都"逃港"(偷渡外逃香港)了。"逃港"作为当时广东一个主要的社会问题,就以这样的方式第一次出现在习仲勋的视野中。

看到边防战士抓住了两个外逃的人,习仲勋坚持要跟他们谈谈。于是,有了这样一段对话——

"社会主义那么好,我们自己当家作主人,你们为什么要跑到香港那边给人当奴仆,受人剥削?"

"我们穷,分配低。到香港容易找工作。"

此前站在中英街这条长不足一里、宽不过两丈的街道上,感叹于一边车水马龙,一边冷冷清清的习仲勋,立即产生了一种发展经济的紧迫感。

不过,人们没有给习仲勋改变的机会。1979年深圳撤县建市初期,深圳爆发了继1957年、1962年、1972年之后第四次大规模的逃港潮。而这次是规模最大的一次,有7万多人沿着几条公路成群结队地拥向边境线,3万人外逃。香港报纸称:共产党对局势"失去了控制"。

偷渡潮惊动了高层。习仲勋奉命"刹住外逃风"。

又是在宝安,习仲勋与一位外逃严重地区的大队党支部书记有了这样一段对话:

"为什么反偷渡就是搞不好?"习仲勋问。

没有人回答。直到习仲勋说"说错了不怪你们",才从屋角传来一个声音:"我看,不要治。"

"不治,那人不是跑光了吗?"

"让老百姓自由去不就行了,抓别人做什么呀!"

香港怎么可以随随便便去呢?习仲勋说:"政策不允许嘛!"

"宪法不是说居住自由吗?是我们共产党说话不算数呀。"

听到这话,习仲勋一下来了火:"你是不是共产党员?"

说话者是宝安县福永公社凤凰大队支书文富祥。他说:"习书记,你也是吃过苦的,所以,我才给你讲了这些真话——咱们共产党的政策要还这样下去,还不改,人都会跑光啦!"(陈秉安:《中国改革开放的催生针大逃港》,广东省出版集团、广东人民出版社2010年版,第337-338页。)

此时此刻,习仲勋意识到逃港问题已经不是教育能够解决的,也不是"增加点部队和几十辆汽车的问题"。根治逃港必须标本兼治,治本就是发展经济,改善人民生活。

习仲勋明确提出:"不能把偷渡外逃当成敌我矛盾,大部分还是人民内部矛盾。……不能只是抓人,要把我们内部建设好,让他们跑来我们这边才好。"(《习仲勋主政广东》,中共党史出版社2007年版,第80页。)实践证明,深圳、珠海经济特区设立后,长期困扰广东的偷渡外逃现象也随之消失了。

1990年,特区成立十周年,习仲勋在接受记者采访时说:"千言万语说得再多,都是没有用的,把人民生活水平搞上去,才是唯一的办法。不然,人民只会用脚投票。"

"大逃港"被人们称为广东改革开放的"催生针"。在一些学者看来,"大逃港"为中国改革开放最为重要的决策之一深圳、珠海经济特区的设立,作了一个深刻而令人心酸的铺垫。一个农民说过这样一句话:'改革开放'四个字,你们是用笔写的,我们,是用血写的!"

1978年8月5日，习仲勋在惠阳地区调研。他说，坐在机关里作决定，往往是主观主义的。

只要能把生产搞上去，就干，不要先去反他什么主义

坚信"脑袋只是加工厂，离开客观实际什么也搞不出"的习仲勋，广泛开展调查研究，跑遍了广东每个县市。他常对人说，耽误了16年没有工作，我要把损失的时间夺回来。

习仲勋最早调研的地方是宝安县。1978年7月上旬，他来到宝安，站在那条有名的"中英街"，看着泾渭分明的繁荣与萧条，听宝安县委书记方苞向他汇报吸收外资搞加工工业和恢复边境小额贸易的问题，当即说："说办就办，不要等"，"只要能把生产搞上去，就干，不要先去反他什么主义。他们是资本主义，但有些好的方法我们要学习。"

从宝安回到广州后，一个问题就困扰着他：香港人80%以上是广东人，为什么香港能把经济搞好而在广东却不行？

习仲勋在海康县与群众交谈。

  1978年7月中旬至8月中旬，他开始了一次在主政广东期间最为密集的调研活动，一口气跑遍了粤东21个县。总结这次调研，他说："形势很好，问题不少。"而这次调查的成果就是他在中央工作会议上所作的《广东如何大干快上》的工作汇报。

  1979年2月，习仲勋又开始了他的粤西、粤北之行。在肇庆地委常委扩大会议上他说，只要对工作有利，对人民有利，对集体经济有利，为什么不可以办！现在不管你是什么人讲，不管你来自哪方面，只要不对都给他顶回去。我们说，只要对人民有利，对国家有利，我们就干，胆子大一点。

  通过这种广泛地调研，习仲勋不仅找到了广东的发展方向，更重要的是，他在基层确立了以社会的发展为尺度来衡量决策正误的观念，为广东"打开了一条一心一意搞建设的新路"。

1978年8月5日,习仲勋(左三)在惠阳地区调研。左二为广东省委农村工作部副部长杜瑞芝,右一为惠阳地委书记李富林。左一为当时正在清华大学暑期的习近平。

1979年2月,习仲勋(右)在四会县与农民亲切交谈。

1980年，习仲勋与农村青年交谈。

1980年，习仲勋在徐闻县接见基层干部。在徐闻县考察调研期间，由于过度劳累，习仲勋在县招待所不慎跌伤。

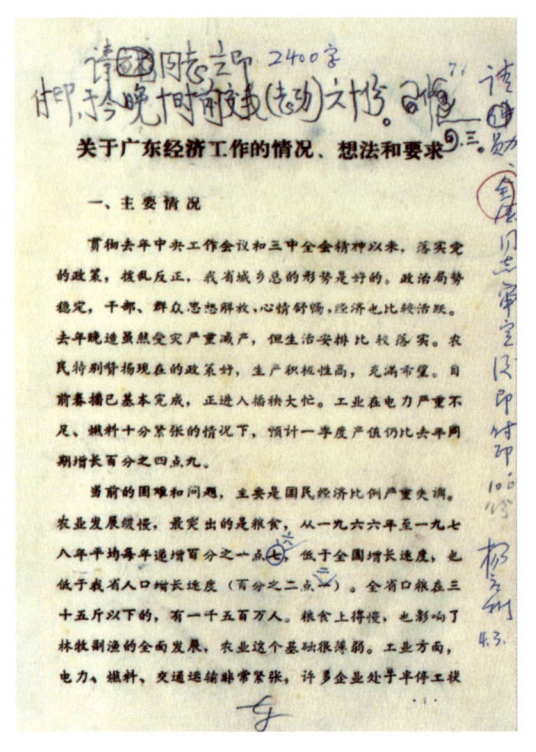

从"落脚点"到"开放圈"
From the Starting Point to the Opening Zone

1979年4月,习仲勋代表广东省委在中央工作会议上请求中央对广东实行特殊政策,使广东在改革开放中先行一步。图为习仲勋在中央工作会议上的发言稿。

先起草意见,我带去北京

"用脚投票"的逃港者不知道,广东追求经济发展的破冰之旅已经启航,广东高层已经找到了启动经济发展的钥匙。1979年1月8日至25日,习仲勋主持召开省委常委扩大会议,明确提出,充分利用广东优越的地理位置,利用外资引进先进的技术和设备,搞补偿贸易、加工、装配与合资经营。

把这一计划具体化的是广东省委书记吴南生提出"出口加工区"。

1979年2月3日,习仲勋、杨尚昆、吴南生等省委领导带领8个工作组分赴各地,传达十一届三中全会精神,就地开展调查研究。吴南生率工作组奔赴自己的家乡汕头,这个被恩格斯认为是中国沿海惟一有商业意义的口岸的落败景象深深刺痛着他。是得改改了!但从哪里改,怎么改?一位朋友的建议提醒了他:"你敢不敢办像台湾那样的出口加工区?敢不敢办像自由港这一类的东西?如果敢办,那最快了。"他说,"你看新加坡、香港……他们的经济是怎样发展的?"这一提醒,"我的脑际立即如电光石火般闪出一个大胆的设想。"2月21日,感冒发烧的吴南生在激情之下,迫不及待地向广东省委发出一份长达1300字的电报,首次提出了"划出一个地方,彻底开放,办出口加工区,利用外资发展经济"的意见。(黄树森、龙迎春:《春天纪——改革开放30年的真实记录和鲜活映像》,广东省出版集团、广东人民出版社2009年版,第49页。)

2月28日下午,吴南生从汕头回到广州。当晚,省委第一书记习仲勋来到吴南生家,两人彻夜长谈。

3月3日,省委常委会一致同意在汕头、珠海、深圳办出口加工区的设想。习仲勋说:"先起草意见,我带去北京。"

1979年，习仲勋在广东省委工作会上讲话。

让我们先行一步，放手干

办出口加工区！带着这个信念，习仲勋在4月举行的中央工作会议上大胆表露了让广东"先行一步"的设想。

"中国这么大的国家，各省有各省的特点，有些事应该根据各省的特点来搞。这也符合毛主席讲的大权独揽、小权分散的原则。"4月7日，习仲勋在主持讨论时说，"广东省委已经讨论过，我们这次来开会，就是希望中央给点权，让我们先行一步，放手干。"

华国锋问："广东要什么权？"

习仲勋回答说："广东作为一个省，等于人家一个或几个国。……我们的要求是在全国的集中统一领导下，放手一点，搞活一点。这样做，对地方有利，对国家也有利。"

广东要求"先行一步"的设想，就是以这样突兀的方式进入了中国高层的视野。这时，还没有人意识到，正是"这一步"，让后来的中国积累了发展的自信。

习仲勋和香港爱国人士霍英东（右一）在中山县建筑工地。

如果广东是一个独立的国家，可能几年就上去了

1979年4月8日，中央工作会议小组讨论进入第二天，习仲勋又巧妙地抛出了广东的想法——三中全会公报指出，现在我国经济管理体制的一个严重缺点是权力过于集中，应该有领导地大胆下放，让地方和工农业企业在国家统一计划的指导下有更多的经营管理自主权……广东邻近港澳，华侨众多，应充分利用这个有利条件，积极开展对外经济技术交流。

"……'麻雀虽小，五脏俱全'，作为一个省，等于人家一个或几个国。但现在省的地方机动权力太小，国家和中央统得过死，不利于国民经济的发展。我们的要求是在全国的集中统一领导下，放手一点，搞活一点。这样做，对地方有利，对国家也有利，是一致的。"

会议气氛被点燃。习仲勋适时地说出了一段惊心动魄的话："如果广东是一个独立的国家（当然这些话是借用的话），可能几年就上去了，但是现在的体制下，就不容易上去。"

1979年，习仲勋（右一）、杨尚昆（左二）、吴南生（右二）等在广东肇庆视察。

杀出一条血路来

4月17日，习仲勋出席中共中央政治局召集的中央工作会议各组召集人汇报会议。这一次，华国锋和邓小平都在场，习仲勋利用了这个机会。

习仲勋大胆地说道："广东要是一个'独立国'的话，现在会超过香港。"他提出广东打算仿效外国加工区的形式，在毗邻港澳和深圳市、珠海市和重要侨乡汕头划出一块地方，运用国际惯例单独进行管理，作为华侨港澳同胞和外商的投资场所，按照国际市场的需要组织生产。

反对声音出来了。一位领导说，"广东如果这样搞，那得在边界上拉起7000公里长的铁丝网。"

关键时刻，邓小平说话了。"广东、福建实行特殊政策，利用华侨资金、技术，包括设厂，这样搞不会变成资本主义。因为我们赚的钱不会装到华国锋同志和我们这些人的口袋里。我们是全国所有制。如果广东、福建两省八千万人先富起来，没有什么坏处。"邓小平说，"只要不出大杠杠，不几年就可以上去。……如果广东这样搞，每人收入搞到1000元至2000元，起码不用向中央要钱嘛！"

华国锋也表了态，他说："小平提的问题今后谷牧到广东研究一下如何解决。……要进行体制改革，广东可以搞一个新体制，试验进行大的改革。"

这次会后，习仲勋专门向邓小平汇报了广东的想法。邓小平说："中央没有钱，你们自己搞，杀出一条血路来！"

从"落脚点"到"开放圈"
From the Starting Point to the Opening Zone

1984年1月26日,邓小平视察深圳经济特区后题词:"深圳的发展和经验证明,我们建立经济特区的政策是正确的"。

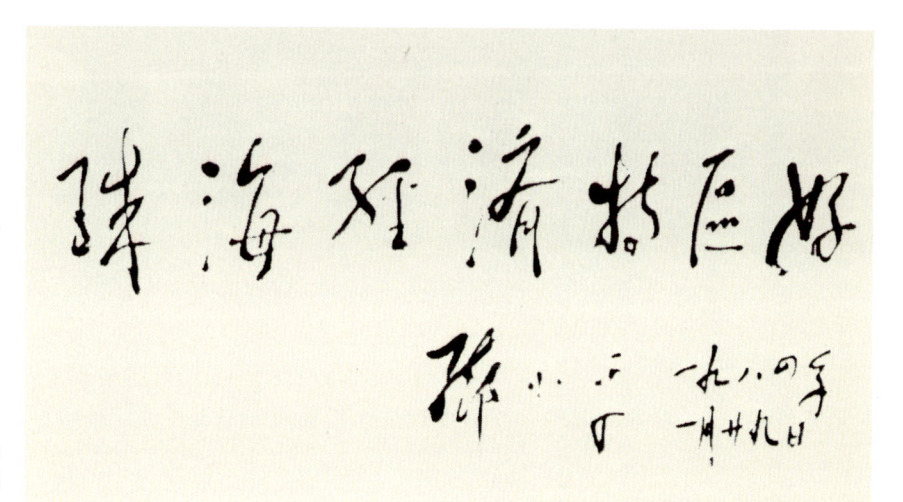

1984年1月29日,邓小平为珠海经济特区题词:"珠海经济特区好"。

就叫特区嘛,陕甘宁就是特区

设想有了,叫什么名字呢?"叫'出口加工区',和台湾一样,那就糟糕了;叫'自由贸易区',就好像资本主义标签贴在脸上了;叫'工业贸易区'吧,又不像……"吴南生回忆说,一时定不下来,只好安了一个"贸易合作区"的名字。

1979年4月,中央工作会议召开期间,谷牧向邓小平汇报了这一情况,邓小平说:"就叫特区嘛,陕甘宁就是特区。"

当天晚上,谷牧给习仲勋打电话,告诉他这一消息。习仲勋第二天找谷牧问:"叫'特区'了,那以后广东还管不管?是不是直接由中央管?"谷牧说:"不是,还是由广东管。"

谷牧把小平的意见向中央报告后,中央工作会议定下了"出口特区"这个名称。

习仲勋积极推动经济特区的创办。1978年7月，习仲勋在宝安县（现深圳市）考察时，要求建立商品生产基地。图为习仲勋（左三）与广东省计委副主任张勋甫（左一）等合影。右二为齐心。

1979年1月，宝安县改为深圳市，珠海县改为珠海市。同年6月，习仲勋（右一）考察珠海时强调：珠海由县改市，不是单纯名称的改变，而是要建成为一个特区。图为1979年6月习仲勋在珠海考察，左一为珠海市委书记吴建民。

1979年7月，中共中央、国务院批转广东省委、福建省委关于对外经济活动实行特殊政策和灵活措施两个报告及附件之一《中共广东省委关于发挥广东优越条件，扩大对外贸易，加快经济发展的报告》。

特区"准生证"

1979年5月，在以谷牧为首的中央工作组赴广东之前，广东省委、省革委会在《关于试办深圳、珠海、汕头出口特区的初步设想》中，第一次使用了"特区"一词。

特区之特在于特区实行有别于内地的体制与政策。1980年3月，谷牧在广州主持召开广东、福建两省会议，提出："经济特区的管理，在坚持四项基本原则和不损害主权的条件下，可以采取与内地不同的体制和政策，特区主要是实行市场调节。"

在谷牧的指导下，1979年7月15日，中共中央、国务院批转广东和福建两个省委的报告，这就是中国改革开放史中具有标志性意义的"中发【1979】50号文件"，全称是《中共中央、国务院批转广东省委、福建省委关于对外经济活动实行特殊政策和灵活措施的两个报告》。中央同意"对两省对外经济活动实行特殊政策和灵活措施，给地方以更多的主动权，使之发挥优越条件，抓住当前有利的国际形势，先走一步，把经济尽快搞上去。"

这份文件，被称为特区这个"新生婴儿"落地前所获得的"准生证"。而获准出生的不仅是特区，还有当时人们不敢提及、被视为洪水猛兽的资本主义的"市场经济"。

1979年2月12日，习仲勋在怀集县林场视察，左一为肇庆地委书记许士杰。

"三要"、"三不要"

中央50号文件下发后，"一则以喜，一则以惧"的习仲勋于1979年9月21日，在广东省地委书记会议上发言，专门讲到了贯彻"50号文件"问题，提出了著名的"三要三不要"的原则和要求——

在态度上我看要有"三要"和"三不要"：第一，要有决心有信心，不要打退堂鼓；第二，要有胆识，勇挑重担，不要怕犯错误，怕担风险；第三，要有务实精神，谦虚谨慎，不要冒失，不要出风头，不要怕否定自己。特别是我们各级领导干部，拼老命也要把广东这个体制改革的试点搞好。要下这样一个决心，即使是可能犯错误，也要干。我们是干革命的，现在搞四化就是革命，要发扬革命战争年代的那股拼命精神。同志们要团结起来，振作起来，工作要抓紧抓细。一方面，要有闯劲，要当孙悟空，解放思想，敢于创新，敢于改革，只要不背离四项基本原则，就可以大胆试验，不要等。……另一方面，要有科学的态度和扎扎实实的作风，要调查研究，总结经验，多商量，多动脑筋，不要毛毛糙糙。当我们开步走的时候，困难会很多，阻力会很大，甚至还可能挨一点骂，要有这个精神准备。现在重要的问题是要迅速行动起来，要抢时间，时间就是速度。但目前上层建筑很不适应，官僚主义严重，非下决心改变不可。我相信，在中央的领导下，只要我们认真对待，努力工作，50号文件一定能贯彻执行好，我们一定会在经济管理体制改革试验中，走出一条路子来。

这是习仲勋发出的关于广东"先行一步，建设特区"的动员令。

20世纪80年代，习仲勋（左）与谷牧在一起。在经济特区的设立过程中，谷牧起到了重要的指导和推动作用。

改用"经济特区"比较好

1979年12月17日，党中央和国务院第一次召开筹建特区的专题汇报会——京西会议。吴南生在汇报中提出"出口特区"改用"经济特区"比较好。

为什么改为"经济特区"，吴南生说是受了反对者启发。小平同志提出特区的名称后，有反对者说："你们不懂！陕甘宁是政治特区，不是经济特区。"吴南生觉得经济特区这个名字好，于是，吴南生在汇报中，第一次使用了"经济特区"之名。

主持这次会议的国务院副总理谷牧采纳了广东方面的意见，将"出口特区"改为涵盖面更宽的"经济特区"这个名称。

事实上，这个名字出来后，"反对的声音好像少了一些。"吴南生说。

从"落脚点"到"开放圈"
From the Starting Point to the Opening Zone

1979年6月，习仲勋（左一）、谷牧（左二）、杨尚昆（右二）、刘田夫（右一）等向叶剑英（右三）汇报特区工作。

1980年8月26日，全国人大常委会五届十五次会议批准《中华人民共和国广东省经济特区条例》，正式宣布在深圳、珠海、汕头分别划出一定区域，设置经济特区。图为8月21日全国人大常委会委员长叶剑英主持会议，讨论条例。

《经济特区条例》出台

"50号文件"出台一个月后，经济特区条例的起草工作正式启动。

1980年，历时近一年，修改了13次的《广东省经济特区条例》在省人大获得通过。

同年8月21日，时任国家进出口委员会、国家外国投资管理委员会副主任兼秘书长的江泽民受国务院委托，在五届全国人大常委会第十五次会议上作了《设置经济特区，加快经济发展》的报告，对在广东、福建两省设置经济特区和广东省经济特区条例作了简要说明，这篇报告后来成了《江泽民文选》的开卷篇。

8月26日，成为深圳、珠海、汕头三个经济特区共同的"生日"。当天，叶剑英委员长主持五届全国人大常委会第十五次会议，会议决定批准国务院提出的《广东省经济特区条例》。这等于向全世界宣布——社会主义中国开创经济特区。

远在大洋彼岸的美国感到了中国的变化，《纽约时报》当天发表评论说：铁幕拉开了，中国大变革的号角正轰然鸣响。

习仲勋主政广东时，江泽民任国家进出口委员会、国家外国投资管理委员会副主任兼秘书长。江泽民回忆："可以说从1980年广州珠岛会议开始，我就等于是广东、福建这四个特区的北京办事处主任，所有特区的人到北京办事都是我去召集各个部来协调。"图为1999年9月30日，在新中国成立50周年招待会上，中共中央总书记、国家主席、中央军委主席江泽民、国务院总理朱镕基向习仲勋等老同志敬酒。

1980年春，习仲勋和胡耀邦在广州机场。

一把"尚方宝剑"

人们对特区这个孩子寄予了更多的希望，但这个孩子显然需要更多的呵护。1980年，胡耀邦明确了特区作为"中国特殊公民"的权利与义务。

1980年9月24日和25日，习仲勋、杨尚昆、刘田夫来到中南海，参加中共中央总书记胡耀邦主持的中央书记处第52次会议。这次会议首次对经济特区的目的和意义作出了界定。

9月28日，中央印发的《中央书记处会议纪要》指出："在广东、福建两省实行特殊政策和灵活措施，中央是下了决心的，目的是要充分发挥广东、福建两省的优势，使广东、福建先行一步富裕起来，成为全国'四化'建设的先驱和排头兵，为全国社会主义经济建设和体制改革探索道路，积累经验，培养干部。"

"中央要求广东充分利用和发挥本地优势，尽快把广东的经济搞活，闯出一条道路，使广东成为我国对外联系的枢纽。"

"中央授权给广东省，对中央各部门的指令和要求采取灵活办法。适合的就执行，不适合的可以不执行或变通办理。"

《纪要》还指出，实行特殊政策和灵活措施，必须有一支具有经济工作经验、精明强干、勇于创新的干部队伍。要做好政治思想工作，增强我们的队伍抵抗腐蚀的能力。

这个《纪要》被称为是习仲勋、杨尚昆离开广东调回中央工作之前，为广东争取到的一把"尚方宝剑"。（《习仲勋主政广东》，中共党史出版社2007年版，第269页；中共广东省委党史研究室编，《广东改革开放决策者访谈录》，广东省出版集团、广东人民出版社2009年版，第124页。）

1980年1月,习仲勋(左二)、杨尚昆(左一)在广州向叶剑英(右二)、胡耀邦(右一)汇报广东的改革开放工作。

1980年,广东改革开放呈现出了良好的开局之势。同年11月15日,中央决定调习仲勋回北京再次担任党和国家重要领导职务,任仲夷接替他担任广东省委第一书记。图为习仲勋(中)、杨尚昆(左一)、任仲夷(右一)等同乘一辆面包车,轻车简从。

XIZHONGXUN 09 玖
从"落脚点"到"开放圈"
From the Starting Point to the Opening Zone

中华人民共和国万岁

京官还朝
Going back to Zhong Nan Hai

从"五马进京"到"京官还朝"

习仲勋的人生轨迹划了一个圆

1980年11月

习仲勋再次进京担任党和国家的重要领导职务

他以一头老黄牛的姿态投入工作

深感干部新老交替的紧迫性

多次请辞中央书记处书记职务

让位给年富力强者

他认为

国家要长治久安

必须摆脱人治

走法治的道路

古稀之年的习仲勋

在离休前的5年里立了10部法……

1981年6月，党的十一届六中全会在北京召开。习仲勋在这次会议上被增补为中央书记处书记。图为廖承志、习仲勋、宋任穷、王任重（从右至左）在会议上。

勤政中南海

1980年11月，中央从党和国家的大局考虑，决定调习仲勋回北京工作。对这次工作调动，他戏称是"京官还朝"。此前，在9月召开的全国人大五届三次会议上，他已被补选为全国人大常委会副委员长。（《习仲勋传》下卷，中央文献出版社2013年版，第499页。）

从"五马进京"到"京官还朝"，习仲勋一心只想把耽误的时间抢回来，为党为人民多做些工作。1981年3月28日，中共中央决定习仲勋参加中央书记处工作。同年6月被增选为中央书记处书记，负责书记处常务工作。这是他自1962年受到审查离开国家领导岗位后再次担任党和国家的重要领导职务。习仲勋觉得不安，他认为自己年届古稀，应该让位给更年轻的同志，以利于革命事业蓬勃发展。在会上，习仲勋郑重表示："准备随时让贤与能。"

中央书记处在中南海勤政殿办公，习仲勋在这里度过了七年的时光，参与了一系列重大决策的研究、制定，处理了许多重大和复杂疑难问题。在拨乱反正，推动组织、干部人事制度改革，实现干部的新老交替，机构精简，加强领导班子建设等方面，倾注了大量心血。时任中共中央政治局常委、书记处书记胡启立后来回忆说，当时，正值改革开放之初，小平同志作为改革开放的总设计师，高瞻远瞩；耀邦等同志全力推进；仲勋同志旗帜鲜明，态度坚决，是改革开放的坚定拥护者和积极推动者。耀邦同志对他非常信任，把许多大事情交给他办理。当时为了方便领导，中央书记处成立了临时领导小组，胡耀邦任组长，习仲勋任副组长，许多日常工作都是由习仲勋来处理的。（《习仲勋传》下卷，中央文献出版社2013年版，第498页。）

1982年党的十二大之际，他郑重向中央提出，自己不再担任新一届中央书记处书记，让出位子来，由年轻的同志承担。拟任中央书记处常务书记的胡启立建议习仲勋留任一段时间，给他以帮助，中央同意了胡启立的意见。1985年9月，在中共十二届五中全会上，习仲勋获准辞去了中央书记处书记职务，但仍为中央政治局委员。

1981年11月，胡耀邦（前左二）、习仲勋（前左一）等在中南海打扫卫生。

"京官还朝"
GOING BACK TO ZHONG NAN HAI

1982年4月,中华人民共和国宪法修改委员会举行第三次会议,讨论并通过《中华人民共和国宪法修改草案(修改稿)》。图为习仲勋、费彝民、周扬、赵朴初(从左至右)在会议休息期间交谈。

1982年12月,五届全国人大五次会议在北京召开,会议通过新修改的《中华人民共和国宪法》,即《八二宪法》。图为大会执行主席习仲勋(左一)主持会议。

习仲勋在推动组织、干部、人事制度改革，实现干部的新老交替，加强领导班子建设等方面，倾注了大量心血。图为1983年7月14日，胡耀邦（前排左七）、习仲勋（前排左六）、宋任穷（前排左八）等与参加全国宣传工作会议和组织工作会议的人员合影。

1985年9月召开的党的十二届四中全会、全国代表会议和十二届五中全会进一步实现了中央领导机构成员的新老交替。根据习仲勋的请求，十二届五中全会同意他不再担任中央书记处书记，但仍为中央政治局委员。图为习仲勋在党的全国代表会议上投票。

1988年3月至4月,七届全国人大一次会议在北京召开。习仲勋再次当选为全国人大常委会副委员长,并兼任内务司法委员会主任委员。图为习仲勋(右二)在陕西省代表团小组会议上发言。

5年立了10部法

  1988年4月,习仲勋再次当选第七届全国人大常委会副委员长兼内务司法委员会主任委员。在全国人大任职期间,他深刻认识到国家要长治久安,只能走法治的道路。他在一次会议上说:"法治是现代政府管理社会的最好方式,也是我们走出困境,走向明天的最佳选择。今天这个会就是在今天和明天之间进行选择。我们面前摆着两条路,一条是继续走全能政府即'人治'的老路;一条是走法治的道路。我们不能树立个人权威,树立民主决策、科学决策的权威。从现在起,我们应当坚持从人治向法治过渡,坚持法律面前人人平等,坚持依法治国。"

  1989年3月26日,习仲勋主持全国人大内务司法委员会第九次会议,对行政诉讼法修改稿进行了最后的讨论。1989年七届人大二次会议通过了这部法律。这部法律的通过,开辟了民可告官的法律渠道,在更广泛的范围保障了我国公民的合法权益,是一部"具有划时代意义"法律。

  在离休前的5年里,古稀之年的习仲勋致力于法制建设,为"法治中国"留下了10部法典。

  这10部法律包括《妇女权益保障法》、《残疾人保障法》、《未成年人保障法》、《行政诉讼法》、《游行示威法》……筑实了"法治中国"成长的级级台阶。

1989年7月12日，两千多名穆斯林群众代表在北京举行联欢会，欢庆古尔邦节。图为习仲勋（中）与王震（右）、赛福鼎·艾则孜出席联欢会并品尝羊肉串。

1990年8月7日，习仲勋（左三）会见古巴共产党中央委员会第一书记菲德尔·卡斯特罗的政治助理赫苏斯·蒙塔内（左一）一行。

XIZHONGXUN 10 拾
从"落脚点"到"开放圈"
From the Starting Point to the Opening Zone

我要看着深圳发展
I want to witness the development of Shen Zhen

"这条路是对的
一定要走下去"

"深圳是我家
我要看着深圳发展"

"我不会写诗
但我还是要说
深圳你真是日新月异
一天比一天好
一天比一天强
一天比一天使人喜欢"

2000年3月13日，87岁高龄的习仲勋参加深圳市群众植树活动。

我要看着深圳发展

"小平种的这个试验田，现在长的苗又壮又肥，这条路是对的，一定要走下去。"1990年，习仲勋到深圳治牙疾，看了深圳"这个孩子"20年来的变化后，决定留在深圳。"现在我退居二线了，就要在深圳住下去，在深圳恢复我的健康。深圳是我的家，我要看着深圳发展。"此后，除了在珠海暂住了一阵，整整12年，他都在深圳度过。直至2002年4月，习仲勋才回到北京治病，同年5月24日在北京逝世。

习仲勋晚年的情趣除坚持有规律的散步外，几乎每天都要听听陕北民歌和秦腔，尤其爱听贠恩凤唱的陕北民歌，每当听到高兴时，自己还打着节拍哼上几句。

他念念不忘深圳的发展。他两次会见杨振宁，甚至动员杨振宁"是不是做深圳市政府的高参，做李灏书记的顾问啊？"每有中央领导来看他，他都会说，大家共同努力，把深圳建设好。一次，任仲夷、刘田夫来看他，他说，我们这几个人积极办特区，上书中央，还有人说这说那，但特区终究是成功了，你们有空要来深圳多看看我啊。

有时候他想看看深圳的发展，就会让工作人员开车带他出去，对工作人员开玩笑说："我又不会写诗，但我还是要说，深圳你真是日新月异，一天比一天好、一天比一天强，一天比一天使人喜欢！"

习仲勋送给工作人员张国英许多书法作品，其中一幅是他专门请人写的：热爱深圳、服务深圳、宣传深圳、奉献深圳。

习仲勋在深圳休养期间，仍然关心特区建设。图为他在珠海视察九洲港建设，左一为李庚安，左二为厉有为，右一梁广大。

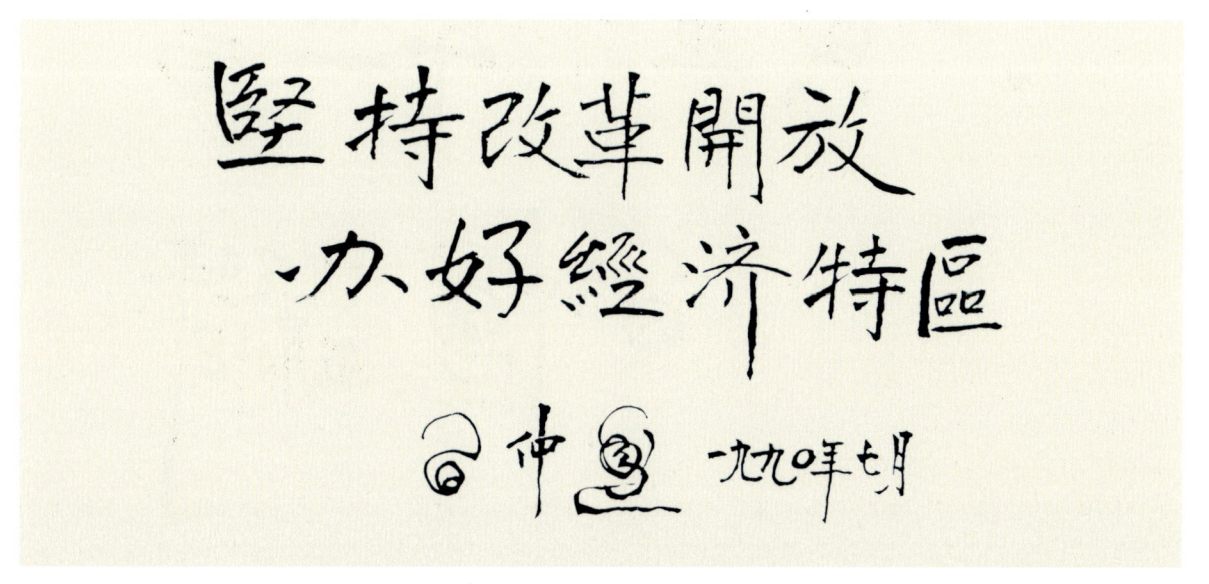

坚持改革开放 办好经济特区

习仲勋 一九九〇年七月

1979年至1992年，习仲勋先后九次视察珠海，为珠海改革开放和现代化建设倾注了大量心血。1990年，是珠海经济特区建立十周年，习仲勋亲临珠海考察调研并题词"坚持改革开放，办好经济特区"。

2000年11月14日，深圳经济特区建立20周年庆祝大会在深圳体育馆举行，习仲勋应邀出席。图为大会主席台。

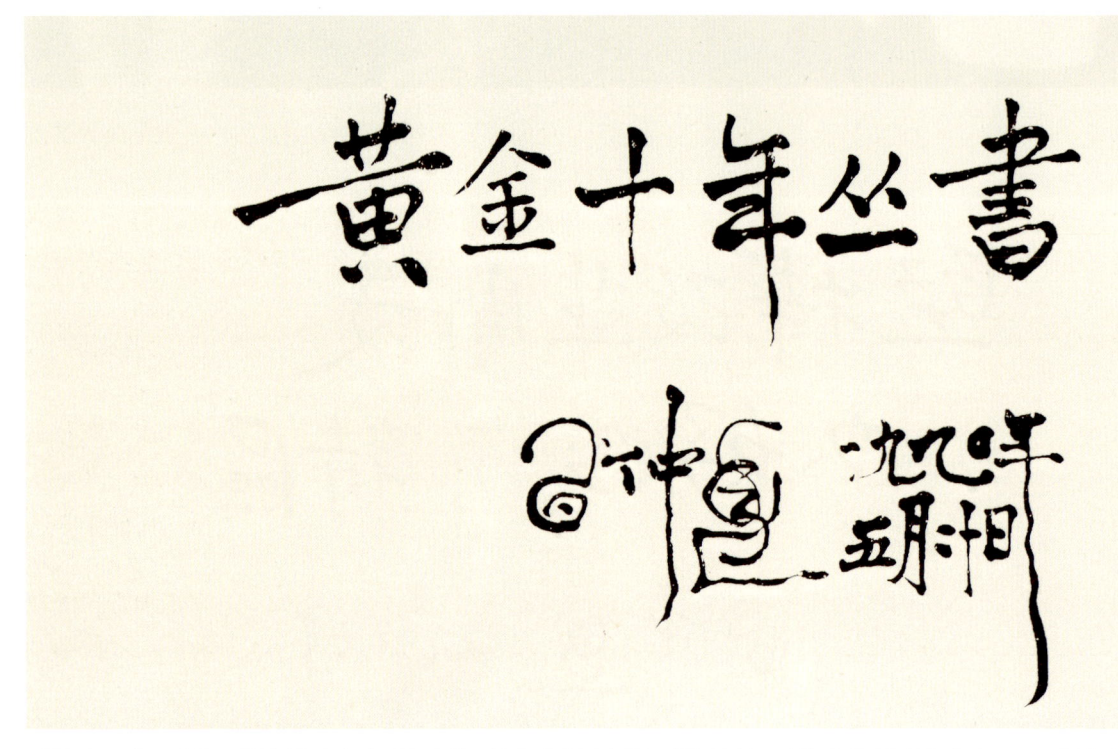

1990年，中国改革开放第10个年头，在改革开放大潮中诞生的深圳经济特区也迎来她10周年的生日，可谓黄金十年！花城出版社出版了《黄金十年》丛书，共30册，300余万字。该书全面而真实地记载了深圳改革开放的艰难历程和丰硕成果，是献给深圳经济特区建设者们的一份厚礼。图为1990年5月20日，改革开放的先驱——习仲勋为该丛书题字"黄金十年丛书"。

1999年10月1日，习仲勋在天安门城楼上参加国庆50周年大典。

人民的江山

习仲勋从领导岗位上退下来后，长期住在深圳，很少在公开场合露面，只有两次例外。一次是在天安门城楼上参加新中国成立50周年庆典，一次是出席深圳特区成立20周年庆祝大会。

"97香港回归，我没有应邀去香港；之后，作为十五大特邀代表，我请假没有出席；50年国庆大典，我一定要参加……我要登天安门城楼，亲眼看看新中国50年的伟大成就。这是我多年的夙愿。"

1949年10月1日，新中国成立开国大典之时，彭德怀、习仲勋仍驰骋在解放大西北的战场上，未能登上天安门城楼。

1999年10月1日，习仲勋穿上女儿桥桥为他定做的灰色中山装，登上了天安门城楼。观看了盛大的阅兵式和展示各地各行各业成果的彩车，他激动不已。当晚，习仲勋还参加了晚宴，观看了焰火表演。当晚气温很低，经工作人员再三劝说，习仲勋才返回城楼大殿休息。不久，江泽民来到大殿，快步走向习仲勋，握住习仲勋的手说："习老您身体真好，几个活动都参加了。今晚天气这么冷，您也来了，连个围脖都没戴……您夫人身体可好？我让王治平来看你们。"习仲勋饱含深情地说，这个盛况，这种场面，充分显示了人民是江山，江山就是人民！之后一段时间里，习仲勋一直沉浸在共和国50年巨大成就的喜悦中……

而作为50年后唯一一位健在的、同时担任过首届中央人民政府委员和中央人民政府人民革命军事委员会委员的共和国开国元勋——习仲勋，此时已是86岁高龄，这位与以毛泽东为核心的中共第一代领导人一起缔造了新中国、呵护新中国成长并与以邓小平为核心的中共第二代领导人一起将中国带入改革开放新时代的老人，在天安门城楼上完成了对自己一生的检阅。

1999年10月1日晚，习仲勋与江泽民在天安门城楼上。

1999年9月30日，胡锦涛受江泽民总书记委托，代表党中央看望习仲勋。

习仲勋晚年在深圳休养期间,每逢国庆、元旦、春节等重大节日,都要通过《深圳特区报》向深圳人民公开发表祝辞。最后一篇祝辞发表于2001年10月1日,也是他老人家对南粤人民最后的祝福。他在祝辞中深情写道:"我在深圳近十年,对广东,尤其是深圳有很深的感情。对深圳前进的每一步、取得的每一个成绩,我打心眼里感到十分欣喜……"图为2002年2月,习仲勋(坐轮椅者)在深圳市参观。这是他在深圳的最后一次公开活动。

XIZHONGXUN 11
从"落脚点"到"开放圈"
From the Starting Point to the Opening Zone

拾壹

师长·丈夫·挚友
——齐心眼中的习仲勋

Tutor、husband and intimate friend
——Qi Xin's view of Xi Zhongxun

习仲勋与齐心相濡以沫58年

齐心说

仲勋英雄一世

坎坷一生

能够和我崇敬的师长、丈夫和挚友

习仲勋同志生活在一起

过一辈子

是无比幸福的

齐心与习仲勋相识于1943年。这年4月，齐心作为延安大学中学部青年赴绥德师范和米脂中学工作队的带队人，从西北局向绥德地委转党的关系时，得知绥德地委书记是习仲勋，当时，地委驻地九贞观里还张贴着"欢迎习仲勋同志来绥德地委领导工作"的标语。夏天的一个星期天，习仲勋来到绥德师范作开展防奸运动动员报告。齐心从教室旁经过时，遇到习仲勋迎面走来，齐心赶紧行了一个军礼。习仲勋微笑着向齐心点了点头。他们第一次面对面谈话是"抢救失足者运动"开始后，在习仲勋的办公室。办公室内挂着毛泽东的题词："党的利益在第一位。"习仲勋对齐心几位学生代表说，应该对抢救运动的偏差进行抵制，"如果这样下去，连你们几个也会被怀疑。"此后，工作成为联系他们两个人的一条纽带。

习仲勋正式向齐心谈婚事是在这年冬。习仲勋给齐心写信说，"一件大事来到了"，"我一定要解决好"。在应约写给习仲勋的自传里，齐心说了自己两次从家里偷跑，参加革命队伍，被父亲追回去的事。习仲勋看后说："我年轻的时候也和你一样。"

1944年4月28日，在绥德九贞观的一个窑洞里，两人举行了婚礼。这在当时算得上是隆重的婚礼，其实就是和来宾同桌吃了一餐饭。

习仲勋对夫人齐心说："从此以后，我们就休戚相关了。但是，我不愿意陷在小圈子里。"婚后，齐心大多数时间都工作在农村，写信成为两人主要的交流方式。习仲勋一次写信给齐心说："农村是一个大学校，是学之不尽的知识宝库、用之不竭的知识源泉。"他以自己过去开辟陕甘边根据地时一家一户做群众工作的体会为齐心提供指导，"如能做好一个乡的工作，就能做好一个区的工作。"虽然不常见面，但两人的感情却日渐深厚。

1947年5月14日，西北野战军相继取得青化砭、羊马河、蟠龙战役胜利后，在安塞真武洞召开祝捷大会，西北局副书记马明方带领慰问团前往真武洞，安排齐心随同慰问团一起去，好与习仲勋见个面。没想到习仲勋非常生气："这么艰苦，你来干什么！"后来又说，"如果战争十年，我宁可十年不见你。"

有人称赞习仲勋是一位好爸爸，他补充说："我不仅是个好爸爸，而且是个好丈夫。"习仲勋赴北京任职后，齐心在离家很远的中央党校工作，每周回家一次，没时间照顾孩子，习仲勋在工作之余的大多时间，都花在孩子身上了。

"习副总理的夫人穿着怎么那么土啊！"50年代，齐心参加一次晚会时，听到这样议论心里有说不出的滋味。习仲勋听后笑着说："土比洋好！"

1999年4月28日中午，回北京的齐心接到习仲勋从深圳打来的电话。这天是他们的结婚纪念日。

"我们结婚多少年啦？"习仲勋问。

"55年啦！"

"我祝你健康长寿，福如东海，寿比南山。"

齐心感到祝词分量很重，说："我对你照顾得很不够啊！"

"怎么这么说呢？你对党对人民忠诚，一生为革命做了很多工作，也为我做了大量的工作，有些是很重要的……我们的这次通话你要把它记录下来，告诉孩子们，让他们明白事理。"

1947年春，习仲勋和夫人齐心在延安。

放下电话，习仲勋对身边的桥桥说："你妈妈是个优秀的共产党员！"

齐心把这次通话的内容记录了下来，抄给了孩子们留作纪念。

"工作好、学习好，一切事情都处理好。"齐心一直把习仲勋送给她的这句话当作座右铭。

齐心说，仲勋英雄一世，坎坷一生。能够和我崇敬的师长、丈夫和挚友——习仲勋同志生活在一起，过一辈子，是无比幸福的。

"战斗一生，快乐一生；天天奋斗，天天快乐！"2005年5月24日，齐心敬录习仲勋四句自勉的话，镌刻在习仲勋雕像的背面。

1946年，习仲勋和齐心（后右）与长子习富平（前左一）、长女习和平（前中）、妹妹习雁英（前右一）在延安。

习仲勋怀抱小儿子习远平。

20世纪50年代，习仲勋和夫人齐心与子女合影。

习仲勋夫妇和女儿。

1958年，习仲勋（右）与习近平（左）、习远平在一起。

1960年，习仲勋和夫人齐心在北海公园九龙壁前。

从 "落脚点" 到 "开放圈"
From the Starting Point to the Opening Zone

1979年，习仲勋与夫人齐心在广州白云机场。

1983年8月，习仲勋和夫人齐心在山东蓬莱。

1987年12月，习仲勋与夫人齐心在海南三亚天涯海角。

从 "落脚点" 到 "开放圈"
From the Starting Point to the Opening Zone

1991年4月28日，习仲勋和夫人齐心结婚47周年纪念照。

1997年4月28日,习仲勋和夫人齐心结婚53周年纪念照。

习仲勋在家中看报。

习仲勋与外孙女吴晓(左)、南南(右)。

　　习仲勋与齐心风雨相伴58年。习仲勋一直保留着每天读书看报的习惯,即使工作到深夜。齐心开玩笑对习仲勋说,你是"心怀全国。"习仲勋回应道:"是心怀全球。"

1998年10月，习仲勋和夫人齐心在深圳。

2001年2月14日,习仲勋和夫人齐心。

2002年2月，习仲勋与夫人齐心身着唐装，欢度春节。

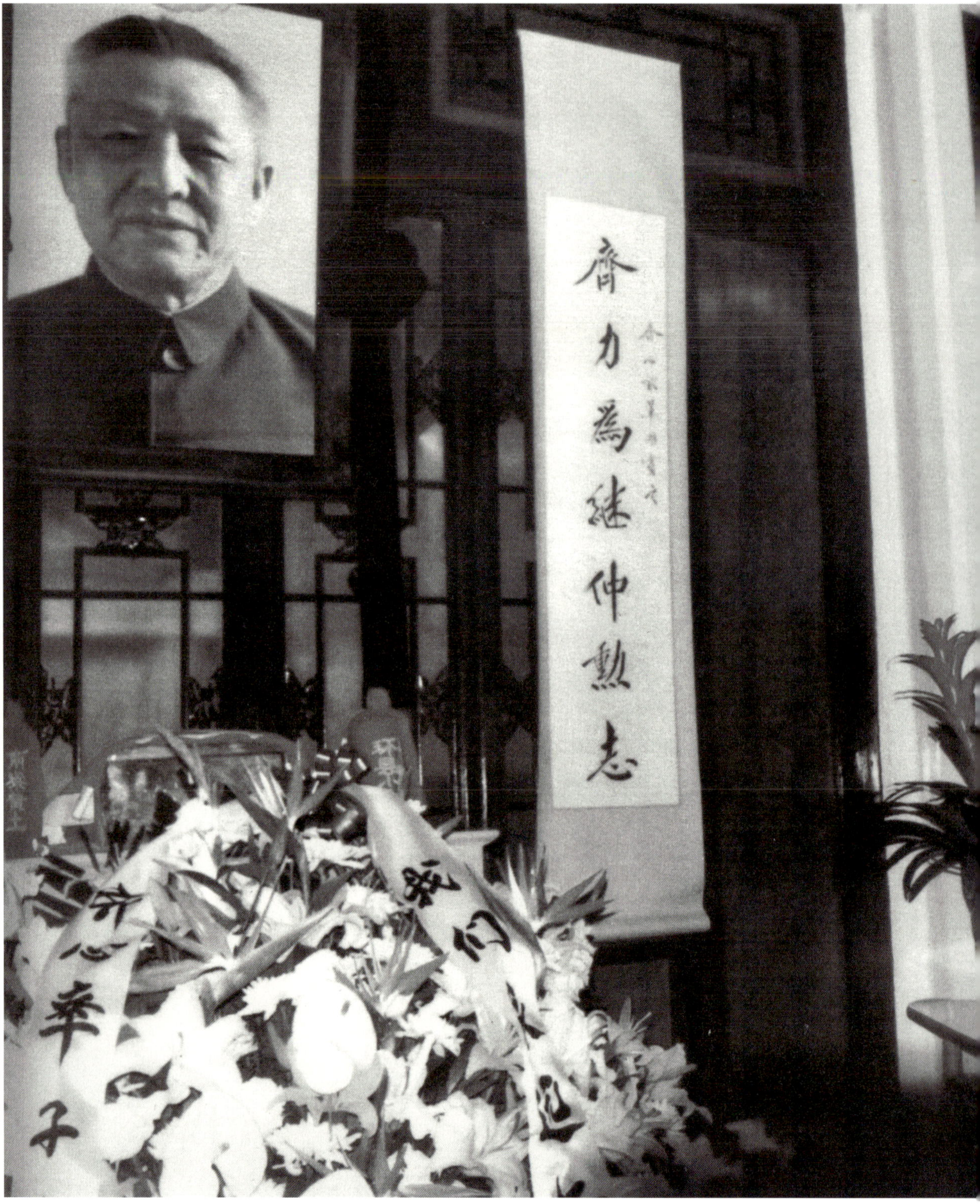
齊力為继仲勳志

习仲勋逝世后，齐心把习仲勋的遗像悬挂在家中客厅的中堂，遗像两侧有一副对联：

齐力为继仲勋志
心中常怀国士风

如今，耄耋之年的齐心仍在为回忆整理习仲勋革命生涯的资料忙碌中。图为齐心在家中深情凝望习仲勋遗像。

习仲勋

2005年5月24日，习仲勋逝世三周年，他自勉的话由夫人齐心敬录，镌刻在习仲勋雕像的背面。

　　2005年5月24日，习仲勋魂归故里。当天，他的骨灰被安放在生他养他的家乡陕西省富平县城北，实现了他魂归故土的愿望。习仲勋已经远去，他的光辉业绩和崇高精神，与天地共存。人民永远怀念他！图为习仲勋陵园雕像。

参考文献 BIBLIOGRAPHY

《习仲勋文选》，中央文献出版社 1995 年 12 月第 1 版

《习仲勋文集》，中共党史出版社 2013 年 10 月第 1 版

《习仲勋传》（上卷），中央文献出版社 2008 年 4 月第 1 版

《习仲勋传》（下卷），中央文献出版社 2013 年 8 月第 1 版

《习仲勋革命生涯》，中共党史出版社、中国文史出版社 2002 年 4 月第 1 版

《怀念习仲勋》，中共党史出版社、中国文史出版社 2005 年 5 月第 1 版

《习仲勋主政广东》，中共党史出版社 2007 年 7 月第 1 版

《习仲勋在陕甘宁》，中国文史出版社 2009 年 9 月第 1 版

《习仲勋画册》，中共中央党史研究室编、中共党史出版社 2013 年 10 月第 1 版

《习仲勋画册》，海天出版社 2006 年 5 月第 1 版

《难忘的二十年——在习仲勋身边工作的日子里》，张志功著，解放军出版社 2013 年 10 月第 1 版

《毛泽东在延安》，李向前主编，中央文献出版社 2012 年 10 月第 1 版

《中国人民解放军第一野战军战史图集》，解放军出版社 1997 年 7 月第 1 版

《叶剑英》，中央文献出版社 1997 年 4 月第 1 版

《杨尚昆》，中央文献出版社 2007 年 7 月第 1 版

《陕甘边根据地研究》，中共党史出版社 2011 年 6 月第 1 版

《我的八十五年——从西北到东北》，张秀山著，中共党史出版社 2007 年 3 月第 1 版

《陕甘边革命根据地》，中共党史出版社 1997 年 10 月第 1 版

《横山起义》，李凤权著，中国文史出版社 1996 年 9 月第 1 版

《春天纪》，黄树森、龙迎春、张承良著，广东出版集团、广东人民出版社 2009 年 4 月第 1 版

《经济特区的由来》，广东省政协文史资料研究委员会编、广东人民出版社 2002 年 4 月第 1 版

《中国改革开放的催生针——大逃港》，陈秉安著，广东出版集团、广东人民出版社 2010 年 7 月第 1 版

《国运南方纪事》，吕雷、赵洪著，人民文学出版社 2008 年 6 月第 1 版

《先行一步——改革中的广东》，（美）傅高义著，凌可丰、丁安华译，广东人民出版社 1991 年 5 月第 1 版

编者备注

本书编辑过程中引用了大量历史资料图片，由于各种原因，未能与作者一一取得联系和署名，在此深表歉意并致以诚挚的感谢！请相关著作权人见到图片后与我们联系，以便奉寄稿酬和样书，特此声明！

图书在版编目（CIP）数据

习仲勋：从"落脚点"到"开放圈"/李向前主编．
——北京：中央文献出版社，2014.6

ISBN 978-7-5073-4101-0

Ⅰ．①习… Ⅱ．①李… Ⅲ．①习仲勋（1913～2002）
——生平事迹 Ⅳ．① K827=7

中国版本图书馆CIP数据核字（2014）第141259号

习仲勋：从"落脚点"到"开放圈"

主　　编：李向前
责任编辑：李庆田
美术编辑：韩烨冬

出版发行：中央文献出版社
地　　址：北京市西四北大街前毛家湾1号
邮　　编：100017
网　　址：www.zywxpress.com
经　　销：北京书勋出版发行有限公司
网　　址：www.shuxunpub.com
销售热线：（010）53357908
印　　刷：西安天翰文化产业有限公司

185mm×260mm　16开　18印张　80千字
2015年8月第1版　2018年10月第2次印刷

ISBN 978-7-5073-4101-0
定　价：228.00元

本图书如存在印刷质量问题，请与本社联系调换。